Kreuzfahrt
Karibik und Mittelamerika

Reiseverlauf

La Romana	Dominikanische Republik
Seetag	
Antigua / St. John's	Antigua
Basseterre	Saint Kitts und Nevis
Philipsburg	St. Maarten
Road Town	Tortola
Samana	Dominikanische Republik
Seetag	
Montego Bay	Jamaika
Seetag	
Puerto Limón	Costa Rica
Colón	Panama
Cartagena	Kolumbien
Seetag	
La Romana	Dominikanische Republik

AF189634

Autor: Wolfgang Hans Werner Pade

Bibliografische Information der Deutschen Nationalbibliothek:
Die Deutsche Nationalbibliothek verzeichnet diese Publikation
in der Deutschen Nationalbibliografie; detaillierte bibliografische
Daten sind im Internet über http://dnb.dnb.de abrufbar.

Kreuzfahrt
Karibik und Mittelamerika

Herstellung und Verlag:
BoD - Books on Demand, Norderstedt
ISBN: 9783746011523

Vorwort

Liebe Leser,

mein Name ist Wolfgang Pade und Reisen ist meine große Leidenschaft, bereits mit vierzehn Jahren reiste ich, mit gleichaltrigen Freunden, allein durch Europa, mit sechzehn waren alle Länder Europas und Nordafrikas mehrfach besucht.

Egal ob mit dem Zug, Bus, Auto, Motorrad, Flugzeug, Schiff, Segelboot oder Kreuzfahrtschiff, ich wollte hinaus in die Welt, um mir diese anzuschauen, es spielte für mich keine Rolle ob ich im Zelt, einem fünf Sterne Hotel oder auf einem Segelboot, bzw. Kreuzfahrtschiff nächtigte.

Erleben wie es wo anders auf der Welt zu geht, Landschaften bestaunen, Tiere beobachten und Menschen kennenlernen, so wie deren Gebräuche, Kulturen und Lebensart zu erkunden. Das faszinierte mich schon mein ganzes Leben lang, das war meine Motivation, mein Antrieb, so bereiste ich inzwischen alle Kontinente, viele ferne Länder, mit fremdartigen Kulturen, gänzlich anderen Glaubensrichtungen, anderen Lebenseinstellungen, so wie auch mit deutlich unterschiedlichen, aber interessanten Essgewohnheiten.

Inzwischen bin ich etwas älter geworden und arbeite als Ingenieur und Manager in einem großen Konzern. Seit dem siebenundzwanzigsten Lebensjahr bin ich mit meiner Frau Silvia verheiratet, gemeinsam haben wir zwei Söhne.

In diesem Buch wird über die Kreuzfahrt auf einem Luxusschiff durch die Karibik, so wie in Mittelamerika, berichtet.

Für diese Reise fahren wir von Illingen / Württemberg mit dem Auto nach Frankfurt und parken dort auf einem gesicherten Parkplatz. Der Betreiber bietet sogar einen inkludierten Bring- und Holdienst zum Flughafen nach Frankfurt an. So kommen wir relativ entspannt zum Airport und können mit unseren Freunden Sofia und Artur den Flug nach La Romana in die Dominikanische Republik antreten.

Nach der Landung in La Romana bringt uns der gebuchte Bus in den Hafen, zu unserem Kreuzfahrtschiff der Reederei Aida. Nach dem zügigen Einschiffen sind wir sofort auf dem schönen und imposant erscheinenden Luxusschiff namens Luna. Von hier aus startet unsere zweiwöchige Kreuzfahrt durch die wunderschöne Karibik und dem interessanten Mittelamerika.

Es erwarten uns viele fantastische Inseln in der Karibik, die mitten im herrlich schönen blauen- bis türkisfarbenem Meer liegen und uns eine traumhafte Inselwelt zeigen. Die nicht nur aus endlos langen paradiesischen Sandstränden, mit sehr feinem weißen Sand bestehen, sondern auch kulturell, so wie kulinarisch etwas zu bieten haben. Das Festland von Mittelamerika, wie Costa Rica, Panama und Kolumbien hat seinen ganz eigenen Charme und zeigt sich uns von seiner schönsten Seite.

Der Reisebericht enthält 12 Farbseiten mit Fotos dieser Kreuzfahrt. Ich hoffe sie haben Interesse bekommen und möchten mein Buch lesen, dazu wünsche ich viel Freude.

Wolfgang Hans Werner Pade

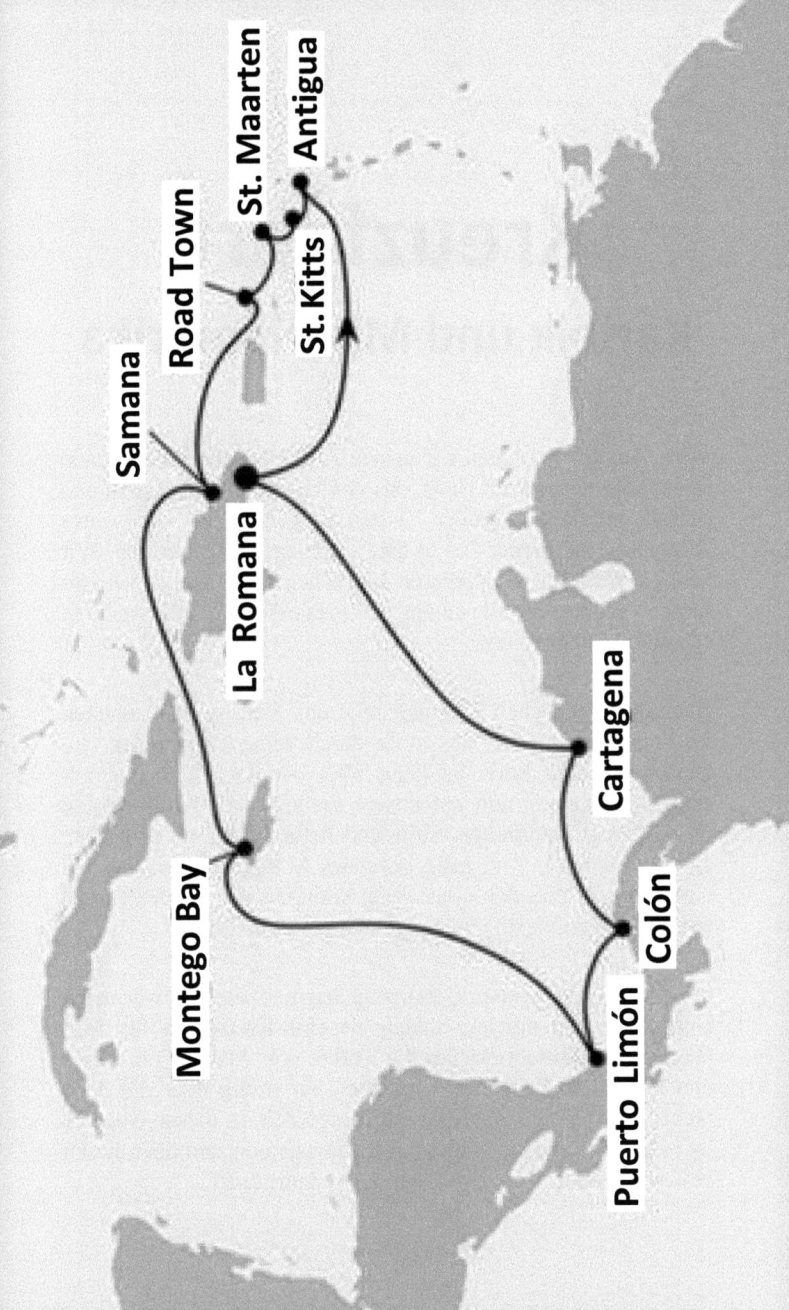

Samana

Road Town

St. Maarten

Antigua

St. Kitts

La Romana

Cartagena

Montego Bay

Colón

Puerto Limón

Kreuzfahrt
Karibik und Mittelamerika

Mitte August besuchten wir unsere Freunde Sofia und Artur in ihrem wunderschönen Haus, das von einem parkähnlichen und perfekt gepflegten großen Garten umgeben ist. Trotz ihres Alters sind sie immer "up to date", modern und weltoffen. Wir kennen die zwei wunderbaren Menschen von unserer gemeinsamen Weltreise auf einem Kreuzfahrtschiff und weiteren schönen Urlaubsreisen.

Nach dem herzlichen Empfang zeigt uns Artur seine Neuheiten im Garten und führt uns stolz durch seine Grünanlage. Inzwischen stellte Sofia im Haus alles bereit, so dass wir anschließend gemeinsam auf unsere Freundschaft anstoßen und uns angeregt unterhalten. Sofia und Artur richteten gemeinsam ein sehr leckeres und ganz gesundes Mittagessen an und bei einem anschließenden Glas Wein kommen wir wieder einmal auf unser Lieblingsthema, nämlich das Verreisen.

Da Sofia Ende Januar Geburtstag hat und dies in wärmeren Gefilden feiern möchte, schlug sie eine Kreuzfahrt für zwei Wochen im Mittelmeer um die Türkei vor. Meine Frau Silvia und ich waren dabei, aber haderten ein wenig über die doch recht frischen Temperaturen zu dieser Zeit in dieser Gegend. Wir sagten trotzdem zu und freuten uns gemeinsam über diesen bevorstehenden Urlaub auf dem Kreuzfahrtschiff.

Bereits auf der nächtlichen Heimfahrt nach Illingen in Württemberg diskutierten wir im Auto über die zugesagte Kreuzfahrt. Weil meine Gattin Silvia viel lieber eine Kreuzfahrt in einer warmen Gegend, in der das Schwimmen zu 100% auch um diese ausgesuchte Jahreszeit möglich ist, erleben würde. Unsere Freunde wollte ich nicht enttäuschen und lehnte eine Absage ab und bat meine Frau erst einmal eine Nacht darüber zu schlafen.

Am nächsten Morgen änderte Silvia ihre Meinung nicht und so lag es an mir die unangenehme Botschaft unseren Freunden zu übermitteln, was ich äußerst ungern tat, zumal Sofia auch noch Geburtstag auf dieser Kreuzfahrt feiern wollte. Sofort spürte ich, dass die Enttäuschung nach dieser harten Absage groß war, dennoch versuchten Sofia und Artur sich nichts anmerken zu lassen.

Letztendlich buchten sie die geplante Kreuzfahrt und freuten sich auf eine schöne Zeit im Mittelmeer. Noch immer hatte ich ein schlechtes Gewissen und diskutierte lange, um Silvia noch zu einer Nachbuchung der Kreuzfahrt um die Türkei zu überzeugen, aber Silvia blieb ihrer Einstellung und ihrem Charakter treu, was ein wenig hartherzig herüber kam.

Ein paar Wochen später teilten uns Sofia und Artur mit, dass ihre Kreuzfahrt von der Reederei abgesagt wurde und Silvia schlug sofort eine gemeinsame Kreuzfahrt in der Karibik vor. Nun war ich wieder gefragt um eine gute Recherche im geplanten Zeitfenster durchzuführen und eine Route zu finden, die uns noch nicht komplett bekannt war, denn wir Paare waren schon des Öfteren in der Karibik auf einer Kreuzfahrt.

Es dauerte nur einen Vormittag und alles war im Kasten, sowohl die Suche der geeigneten Route, als auch die Reederei mit der wir die Kreuzfahrt durchführen wollten. Alles ging blitzschnell und am Folgetag wurde die Reise bereits fest gebucht. Wir entschieden uns für Aida, weil Silvia und ich sehr positive Erfahrung mit der Reederei und dessen Schiffen hatten, zudem gefällt uns das Gesamtpaket mit dem Hin- und Rück-flug, so wie den inkludierten Getränken zu den Mahlzeiten und dem Entfall einer zusätzlichen Servicegebühr.

Nachdem die gebuchte Reise über unser Reisebüro bezahlt war, kamen die korrekten Unterlagen von Aida, die wir alle selber ausdrucken mussten. Zudem war es erforderlich sich online über das Bordmanifest der Reederei seine persönlichen Daten einzugeben. Weil ein Reiseziel auf dieser Kreuzfahrt seine Vorgaben bezüglich Corona etwas später änderte, mussten wir unsere Impfdaten für dieses Land nachträglich online zur Verfügung stellen. Das vorgefertigte Formular war sehr einfach und ohne Probleme schnell auszufüllen, so wie zuvor die Onlineunterlagen von der Reederei Aida. Da wir alle schon viermal gegen das Corona-Virus geimpft wurden, gab es keinerlei weitere Fragen oder Unterlagen diesbezüglich abzugeben.

Weil nun, bezüglich der Traumreise auf der Kreuzfahrt mit der Aida, alles fest gebucht und bezahlt war, kümmerten wir uns online um einen geeigneten Parkplatz am oder um den Flug-hafen in Frankfurt. Da wir dies schon oft organisierten, war dies reine Routine. Wir entschieden uns für einen bekannten Parkplatz in Frankfurt/Sindlingen, der von zwei Uhr bis vier-undzwanzig Uhr seinen inkludierten Fahrdienst, plus zwei Wochen Parken, für 26 Euro anbot. Der Transfer mit dem kleinen Sammeltransporter funktioniert gut und benötigt in der Regel weniger als zehn Minuten.

Fünf Wochen vor Abflug erfuhren wir von Aida per e-mail, dass unser Charterflug am achtundzwanzigsten Januar ab Frankfurt, um 11:40 Uhr, mit der Condor als Direktflug, statt-finden wird. Vierundzwanzig Stunden vor dem Abflug, ist es möglich sich online bei Condor zu registrieren, was wir sehr gern nutzen.

Unsere Frauen Sofia und Silvia sind zufrieden, als sie erfahren, dass jeder Reisende auf diesem Flug 23 Kilogramm Gepäck im Koffer aufgeben darf und zudem noch 5 Kilogramm als Handgepäck. Artur und mir ist das relativ egal, weil wir sowieso immer weniger Gepäck haben und dass restliches Kontingent von unseren Frauen genutzt wird.

Weil wir sehr neugierig sind, schauen wir uns gemeinsam nochmals die genaue Route der Kreuzfahrt und den ganz exakten zeitlichen Tagesplan an, dadurch können wir uns besser entscheiden, welcher Landausflug an welchem Tag optimal ist. Natürlich sind die Geschmäcker und Interessen verschieden und so bleibt eine lebhafte Diskussion nicht aus. Aber am Ende werden wir uns unter Berücksichtigung aller Daten, Fakten und Wünsche einig. Weil wir erfahrene Kreuzfahrer sind, wissen wir natürlich, dass dies alles unter Vorbehalt ist, denn nicht selten kommt es vor, dass ein Hafen nicht angelaufen werden kann / darf, weil das Wetter oder die Behörden einen Strich durch die Rechnung machen. Dies ist immer dann besonders schade, wenn es ganz neue Ziele oder Anlegestellen betrifft.

Route der Kreuzfahrt in der Karibik und Mittelamerika:

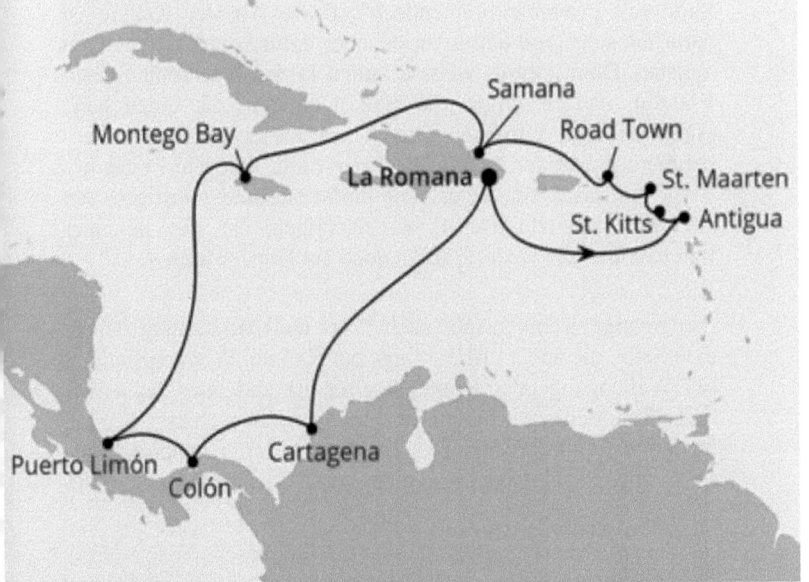

Exakter Tagesplan mit Datum und Uhrzeit:

Datum	Hafen	Land/Insel	Ankunft	Abfahrt
Sa.28.01	La Romana	Dom. Republik	22:00	
So.29.01	Seetag			
Mo.30.01	Antigua/St. John's	Antigua	8:00	20:00
Di.31.01	Basseterre	Saint Kitts und Nevis	7:00	20:00
Mi.01.02	Philipsburg	St. Maarten	7:00	18:00
Do.02.02	Road Town	Tortola	7:00	17:00
Fr.03.02	Samana	Dom. Republik	11:00	18:00
Sa.04.02	Seetag			
So.05.02	Montego Bay	Jamaika	8:00	21:00
Mo.06.02	Seetag			
Di.07.02	Puerto Limón	Costa Rica	8:00	17:00
Mi.08.02	Colón	Panama	5:30	16:00
Do.09.02	Cartagena	Kolumbien	10:00	17:00
Fr.10.02	Seetag			
Sa.11.02	La Romana	Dom. Republik	8:00	

Die Wahl und die Lage der Kabine ist auf Kreuzfahrtschiffen immer ganz besonders wichtig. Wer den Luxus liebt und es sich leisten kann, der wählt die beste Kategorie der "Deluxe-Suite mit privatem Sonnendeck". Diese Art der Kabine ist natürlich sehr groß und luxuriös, aber dafür kostet sie auch am meisten. Dann gibt es weitere Suiten in den unterschiedlichen Klassen, danach folgen die Balkonkabinen, die einen ganz guten Standard aufweisen. Die nächste Klasse sind die Außenkabinen, die keinen Balkon besitzen, dafür aber ein Fester mit Blick auf das Meer bieten. Die einfachste und günstigste Art auf dem Kreuzfahrtschiff zu nächtigen, ist die in einer Innenkabine, die weder Balkon noch ein Fenster besitzt.

Die richtige Kabinenwahl nach Preis und Ausstattung ist die eine Seite, die andere ist die Lage der Kabine. Wer empfindlich bei Wellengang oder Seekrankheiten ist und auch bei etwas rauer See noch gut schlafen möchte, der sollte sich eine Kabine im Schwerpunkt des Schiffes aussuchen. Damit meine ich, sie sollte mittschiffs liegen, also nicht vorne oder hinten und in der

Mitte der vielen Stockwerke auf den modernen und großen Kreuzfahrtschiffen. Übrigens heißt das bei Schiffen nicht vorne und hinten, sondern Bug und Heck. Die rechte Seite nennt der Seemann Steuerbord und die linke Schiffsseite Backbord. Wer sich trotzdem ganz Richtung Bug eine Kabine auswählt, der sollte bei Seegang damit rechnen, dass es ordentlich Auf- und Abwärtsbewegungen geben kann, ebenso sind manchmal Geräusche von der Brücke (Navigations- und Steuerzentrum des Schiffes), so wie das Aufschlagen der Wellen zu hören. Richtung Heck der Kreuzfahrtschiffe könnte es Motor-geräusche geben und ebenfalls bei Seegang höhere Schiffs-bewegungen. Direkt am Heck, also quer zur Fahrtrichtung liegen die Kabinen sehr schön, aber man sieht immer nur nach hinten und bei manchen Schiffen und entsprechender Windrichtung muss mit den Abgasen der Dieselmotoren aus den Schornsteinen des Schiffes gerechnet werden. Wer in das oberste Deck, so heißen die Stockwerke auf einem Schiff, seine Kabine bezieht, der muss im ungünstigsten Fall mit Pump-geräuschen des Pools oder gar Trittgeräusche durch die Passagiere auf den Sonnendecks rechnen. Ebenso ist zu beachten, dass Kabinen direkt neben den Aufzügen, den Küchen, den Klimaanlagen und Versorgungseinheiten, den Bars oder sonstigen Vergnügungseinrichtungen eventuell mit Geräuschen zu rechnen ist. Das hört sich jetzt alles ein wenig negativ an, aber auf den modernen und neueren Kreuzfahrt-schiffen wird bei der Konstruktion auf solche Details geachtet und man versucht diese zu eliminieren. Im allerschlimmsten Fall hilft in der Regel das Schiffspersonal gerne mit einer besseren Kabine aus, wenn dies möglich ist.

Ganz entscheidend ist auch die richtige Seite des Schiffes bei einer Kreuzfahrt zu wählen, dies fängt an mit der Sonnen- oder Schattenseite und endet mit der schönen Sicht auf die Inseln oder ggf. "nur" die Sicht auf das Meer, was viele bewusst wählen, um die Seele baumeln zu lassen und die Ruhe zu genießen.

Drei Wochen vor der Abreise erfahren wir von Aida, dass wir keinen Corona Test mehr vor dem Abflug benötigen und auch das elektronische Einchecken über den PC entfällt. Dies freut uns natürlich sehr, denn es spart Aufwand, Geld und Nerven.

Zwei Wochen vor Abflug telefonieren wir mit Sofia und Artur nochmals sehr ausgiebig, um uns über die Ausflüge auf dieser Kreuzfahrt abzustimmen, denn es gibt die Möglichkeit über die Reederei Aida jetzt schon Ausflugspakete zu buchen, die sogar etwas günstiger sind, als bei den Buchungen direkt auf dem Kreuzfahrtschiff vor Ort. Da wir schon sehr oft mit den Kreuzfahrtschiffen unterwegs waren, wissen wir, dass selbst geplante Ausflüge mit vier Personen deutlich günstiger sind als diese auf dem Schiff angebotenen werden. Zudem können solche halb- oder ganztags Touren komplett individuell zugeschnitten werden und Pausen oder Aufenthalte sind frei nach eigenem Belieben einzuteilen. Für behinderte Menschen, Alleinreisende, ängstliche Personen, oder Gäste die es sehr bequem haben wollen, ist es ratsam die Tagesausflüge über die Reederei vorab oder auf dem Kreuzfahrtschiff direkt zu buchen.

Ein paar Tage vor Abflug packen wir unsere Koffer. Weil es auf den Kreuzfahrtschiffen der Aida relaxed zugeht, können die Frauen ihre teuren Abendkleider für die Gala zu Hause lassen, das gilt auch für uns Herren, denn wir benötigen für diese Reise keinen Anzug oder die modernen italienischen Ausgehschuhe. Es wird leichte Sommerkleidung eingepackt, Waschutensilien, Badesachen, Sportsachen, Sonnenbrille, Hüte, Sonnenschutzcreme und die Schnorchelmasken müssen unbedingt in den Koffer. Der Reisepass darf auf keinen Fall vergessen werden und er muss mindestens noch sechs Monate vor Reiseantritt gültig sein. Natürlich kommt nicht nur der Reisepass in den Tagesrucksack, sondern auch die Krankenkarte, die Auslandskrankenversicherung, der Führerschein fürs Auto, die Visakarte, das Bargeld in Dollar und Euro, die Tabletten und weitere Medikamente, alle Reiseunterlagen, Kopien aller Pässe und Versicherungen, usw.. Alles andere kommt in den Reisekoffer, hier sind die Kofferanhänger von

Aida anzubringen, damit das Gepäck vom Schiffspersonal vor die gebuchte Kabine des Schiffes abgestellt werden kann.

Um ganz entspannt mit dem Auto starten zu können, packen wir am Vortag der Abreise die Koffer in den Kofferraum und bereiten alles andere vor, wie z.B. die Eingabe des Parkplatzes in das Navi, auf dem das Auto über zwei Wochen stehen muss.

Weil Silvia und ich vor lauter Reisefieber nicht richtig schlafen konnten, standen wir viel zu früh auf und bereiteten uns ein leckeres und sättigendes Frühstück zu, das eher schon an einen Brunch erinnerte. Denn ich bekam die restlichen Bratkartoffeln vom Vortag und machte mir im Mikrowellenherd die letzten Wiener Würstchen warm, danach noch ein gekochtes Ei und ein Schinkenbrot. Als Nachtisch gab es einen Apfel und eine Banane, denn die mussten auch noch gegessen werden, weil sie in zwei Wochen nicht mehr sehr ansehnlich wären. Um auf keinen Fall bei der Autofahrt einzuschlafen, trank ich über einen halben Liter starken, koffeinhaltigen Kaffee. Nun war der Magen voll und der Körper zufrieden. Nach der erfrischenden Dusche und dem Toilettengang nahmen wir unsere Tages-rucksäcke, prüften im Haus nochmals alle Heizungsregler, Fenster, die elektrischen Sicherungen, den Herd und steckten den Stecker des Wasserkocher aus der Steckdose. Danach schlossen wir die Haustür von außen ab und starteten um fünf Uhr die Fahrt zum gebuchten Parkplatz.

Die Fahrt verlief sehr entspannt und ganz ohne Stau, denn wer fährt schon an einem Samstag so früh los. Knapp zwei Stunden später erreichten wir den gebuchten Parkplatz, dessen Einfahrt wir fast übersehen hätten. Nach den Formalitäten am Eingang in der kleinen Verwaltungshütte des Vermieters und der Abgabe des Autoschlüssels wurde unser Gepäck in einen großen Transporter geladen. Der Fahrer fuhr mit uns und ein paar weiteren Gästen direkt zum Flughafen an das Terminal 1 zum Abflug. Beim Ausstieg wurde uns vom Fahrer noch eine Visitenkarte des Unternehmens übergeben und ausdrücklich darauf hingewiesen, dass er uns genau hier am Abflugplatz bei der Ankunft des Rückfluges abholt. Aber erst, wenn wir unser Gepäck abgeholt haben und anschließend uns telefonisch bei ihm anmelden. Die Abholung beim Abflugterminal deshalb, damit das Parkplatz- / Transportunternehmen die hohen Kosten des Parkplatzes am Flughafen im Ankunftsterminal spart.

Nach der freundlichen Verabschiedung des Fahrers und der Gepäckübergabe liefen wir zum Terminal 1 in den Flughafen Frankfurt und suchten die Abfertigungsschalter der Fluggesellschaft Condor auf. Wir konnten doch tatsächlich jetzt schon unser Gepäck, vier Stunden vor Abflug, aufgeben und uns im Check-In der Airline anmelden. Da wir den Online-Check-In schon vor dem Abflug, Zuhause am PC durchgeführt hatten, verlief der Vorgang sehr schnell. Nun konnten wir ganz entspannt auf unsere Freunde warten, die um acht Uhr am Flughafen eintreffen wollten.

Pünktlich erschienen Sofia und Artur am vereinbarten Treffpunkt und die Freude war riesengroß sich zu sehen, aber vor allem auf den bevorstehenden Urlaub. Üblicherweise bringe ich immer zur Urlaubseinstimmung eine Flasche Sekt und ein paar Becher zum Anstoßen mit, da aber Artur wegen einer Medikamenteneinnahme nur an bestimmten Tagen Alkohol trinken darf und Sofia Probleme mit dem Magen hat, habe ich diesmal darauf verzichtet, denn für Silvia und mich wäre eine Flasche Sekt am frühen Morgen zu viel.

Da wir uns viel zu erzählen hatten verging die Wartezeit wie im Flug. Weil es sich um einen außereuropäischen Flug handelt sind die Passkontrollen etwas strenger als üblich, trotzdem gibt es keine nennenswerten Warteschlangen bei den Prüfungen des Gepäcks- und der Personen.

Unser geplanter Flug um 11:40 Uhr startet mit leichter Verspätung, die der Pilot bei der ersten Borddurchsage verspricht aufzuholen. Weil wir extremen Rückenwind haben, sollte das Flugzeug sogar deutlich früher in La Romana als geplant ankommen. Der Flug verläuft ruhig und angenehm, leider sehen wir trotz des Fensterplatzes recht wenig, weil der Himmel an diesem Tag stark bewölkt ist. Vom Essen in der Condor sind alle Fluggäste sehr enttäuscht, denn als Hauptgericht gibt es vereinfacht gesagt, nur "Nudeln mit Tomatensoße" und der zweite Snack vor der Landung besteht aus einem einfachen erwärmten Brot mit ein wenig Käse. Da wurden wir schon ganz anders von anderen Airlines verwöhnt. Zudem gibt es bei den Flügen mit der Condor keine inkludierten alkoholischen Getränke mehr, nicht einmal zum Essen. In den Gesichtern der Fluggäste konnte man die Unzufriedenheit bezüglich der leiblichen Versorgung ansehen, einige äußerten sich sogar lautstark über die mangelhafte und schlechte Qualität. Die Flugbegleiter waren bezüglich dieser Stimmung auch nicht begeistert und gingen trotzdem freundlich ihrer Aufgabe nach, nur ab und zu konnten sie sich ihre Unzufriedenheit nicht verbergen. Viele ließen im Flugzeug das Essen zurück gehen, weil es auch noch bescheiden schmeckte.

Tatsächlich landeten wir deutlich vor der geplanten Zeit, um 17:05 Uhr, im kleinen internationalen Flughafen von La Romana in der Dominikanischen Republik. Die Freude der Fluggäste war bei der Landung so groß, dass diese sofort anfingen laut zu klatschen, so wie es früher immer üblich war.

Gleich nachdem das Flugzeug seine Parkposition erreicht hatte und die Treppe am Ausgang platziert wurde konnten alle Gäste zügig aussteigen. Zu Fuß ging es über das Ende des Rollfeldes, auf einem markierten Weg, um das kleine Flughafengebäude direkt in die wartenden Busse der Reederei Aida. Es war alles fantastisch von der Reederei organisiert, denn keiner musste seinen Pass zeigen oder gar das Gepäck abholen.

Nach der zehnminütigen Fahrt im klimatisierten Reisebus standen wir direkt vor dem Terminal der Aida Luna. Es wurden den Gästen Erfrischungsgetränke zur Ankunft gereicht und die erforderlichen Formalitäten beim Einchecken schnell und zügig erledigt, dennoch gab es eine kleine Warteschlange. Alle Gäste waren sehr erfreut über das angenehme und warme Wetter, der schönen Umgebung mit Palmen usw., so wie der schnellen und unkomplizierte Art des Eincheckens. Denn das hatten auch wir bei anderen Reedereien schon sehr negativ in Erinnerung, mit langen Wartezeiten, heftigem Gedränge und Schupsen, so dass die Nerven beim Einchecken schon blank lagen.

An Bord der Aida Luna brachten wir unser Handgepäck in unsere Kabinen und nahmen gleich an der vorgeschriebenen Seenotrettungsübung teil. Diese bestand darin, dass wir mit den angelegten Rettungsschwimmwesten aus den Kabinen vor den Rettungsbooten auf Deck 5 erschienen, eine kurze Einweisung vom Schiffspersonal erhielten und unsere Anwesenheit mit der Bordkarte gescannt wurde. Wir waren sehr erstaunt, dass dies so ganz ohne Wartezeiten funktionierte, denn bei anderen Reedereien musste man lange in Reihe und Glied stehen, bis endlich einer der Schiffsbesatzung in allen möglichen Sprachen die Einweisung zelebrierte. Hier wurde dies mit wenigen Worten zügig und verständlich in deutscher Sprache durch-geführt. Nach diesem Pflichtprogramm legten wir die Rettungsschwimmwesten wieder in die Kabinen und liefen zum Abendessen in das Markt Restaurant auf Deck 9. Wir holten dazu Sofia und Artur von ihrer Kabine ab, die im gleichen Deck, so wie im selben Gang, nur ein paar Kabinen von unserer entfernt lag.

Das Essen im Markt Restaurant war wie immer sehr gut und das Konzept sich selber einen Sitzplatz zu suchen und sich am Buffet zu bedienen gefiel uns ausgezeichnet. Das erste gemeinsame inkludierte Bier schmeckte allen ganz hervor-ragend und so schlemmten wir an diesem Abend sehr gemütlich und freuten uns auf das große Abenteuer in der Karibik, Mittel- und Südamerika.

Nach dem Abendessen stand auch schon unser Gepäck vor der Kabine und wir konnten dieses in die vorgesehenen Schränke einräumen. Danach stellten wir unsere Handys ein, denn wir hatten das Programm Social Media gebucht, dass pro Handy etwas über 40 Euro für diese Reise kostete. Die Verbindung herzustellen war nicht ganz so einfach und es bedurfte in unserem Fall, das erste Mal die Hilfe an der Rezeption. Danach klappte es gut, leider stellten wir über die gesamte Dauer der Reise immer wieder fest, dass man sich sehr oft neu einwählen und verbinden muss, was nicht ganz so einfach war. Hier gibt es deutlich bessere und einfachere, so wie schnellere Systeme. Dies liegt darin begründet, dass auf dem Schiff Luna das System ein wenig veraltet ist und noch eine Modernisierung bevor steht. So teilte uns das Personal an der Rezeption dies mit.

An der Kabinentür entdeckten wir gleich zu Anfang das Schiffsjournal "my AIDA HEUTE", das viele wichtige Informationen den Gästen weiter gibt. Das täglich erscheinende Journal sagt etwas aus über das Wetter, die anstehende Etappe, Infos vom Kapitän oder dem Schiffspersonal, kulinarische Angebote und Besonderheiten, Entertainment, Angebote verschiedener Programme an Bord, Öffnungszeiten aller Restaurants und anderen Bordeinrichtungen, so wie etwas zu Ausflügen und Neuigkeiten an Bord, aus.

Heute steht darin u.a. vom Hoteldirektor des Schiffes ein herzliches Willkommen an Bord, wann die Willkommensparty stattfindet und das wir 448 Seemeilen (830 km) bis zu unserem nächsten Ziel der Stadt St. John's auf Antigua zurücklegen werden. Das alle bis spätestens 21:30 Uhr an Bord sein müssen und die Aida Luna um 22:00 Uhr ablegt. Der Sonnenaufgang um 7:06 Uhr und der Sonnenuntergang um 18:20 Uhr statt-findet und der Tag leicht bewölkt bei 26°C verläuft. Natürlich fehlt auf einem Schiffsjournal auch nicht die genaue Lage, denn in La Romana befinden wir uns exakt 18°25' Nördlicher Breite und 68°58' Westliche Länge. In diesem Journal wird auch vom Sicherheitsoffizier darauf hingewiesen, dass das Schiff erst vom Hafen auslaufen darf, wenn alle Gäste an der Rettungsübung teilgenommen haben.

Zwischendurch sahen wir uns vom Deck 12 aus die Umgebung des Schiffes an und schossen ein paar Fotos von La Romana.

Heute geht es früh ins Bett, denn die lange Anreise mit fünf Stunden Zeitverschiebung, ließen den Tag deutlich länger werden. Wir schauten uns noch die Hafenausfahrt an und lagen bereits um 21:30 Uhr todmüde im Bett, dabei ist zu beachten, dass es in Deutschland bereits 2:30 Uhr ist.

Erstaunlicherweise vertrugen wir den Jetlag relativ gut und konnten bis 6 Uhr schlafen, allerdings mit mehreren Unterbrechungen.

Am nächsten Morgen waren wir einigermaßen fit und freuten uns auf das leckere Frühstück. Wir holten Sofia und Artur ab und bewegten uns zum Markt Restaurant auf Deck 9. Direkt hinten am Heck vor den großen Scheiben nahmen wir Platz und bedienten uns am frischen Buffet. Es war wie auch sonst immer alles sehr ansprechend und schön im Restaurant hergerichtet. Für mich gab es frischen geräucherten Lachs, Salami mit Pfefferrand, Käse mit Bärlauch, Orangenmarmelade, ein kleines heißes Wiener Würstchen mit Senf, ein weich gekochtes Ei und das alles wurde zusammen mit einem frisch gebackenen Vollkornbrötchen mit Kürbiskernen, so wie einem Mohnbrötchen von mir gegessen. Dazu trank ich frischen Orangensaft mit Fruchtfleischstückchen und den kredenzten Kaffee. Ein Obstteller bestehend aus frisch geschnittener Papaya und Mango mit zwei Löffel Naturjoghurt rundeten mein Frühstück am Ende ab. Silvia holte sich lieber die Leberwurst mit Apfelstücken, Weichkäsestücke, geräucherten Schinken, Himbeermarmelade und ein großes Omelette zu ihren zwei Brötchen, die immer sehr frisch, knackig und lecker waren. Aida hat mit Abstand die besten Brötchen auf See. Sofia konnte leider nicht viel essen, weil ihr Magen immer noch nicht in Ordnung war, das Problem brachte sie schon von Zuhause mit. Artur hingegen genoss das Frühstück so wie Silvia und ich, aß immer gerne die frisch gestiftelten Gemüsestreifen in den kleinen durchsichtigen Gläschen zu seinem Standardfrühstück. Nun will ich nicht alles aufzählen was es Tolles zum Frühstück gibt, aber hier findet jeder was, vom Spiegelei, Omelette, hart und weich gekochte Eiern, über

Wurst, Käse, Fisch, gebratenem Fleisch, Gemüse, Müsli, Marmeladen, Obst, Joghurt bis hin zum Milchreis gibt es eine sehr große Auswahl an guten und gesunden Produkten.

Den Seetag genossen wir bei bestem Wetter, zumindest aus unserer Sicht, denn Zuhause hatten wir 2°C und hier 25°C bei einem Sonne- und Wolkenmix mit sehr vereinzelten kurzen Schauern. So faulenzten wir fast den ganzen Tag an Deck im Liegestuhl und sonnten uns. Unterbrochen wurde dies nur von den Essensmahlzeiten, so wie der Kaffee- und Kuchenzeit.

Auf diesem Kreuzfahrtschiff, das im Jahre 2009 in den Dienst gestellt und damals für 315 Millionen Euro in der Meyer Werft in Papenburg gebaut wurde, gibt es drei Buffet-Restaurants, zwei Spezialitäten-Restaurants und ein À-la-carte-Restaurant. Das Markt Restaurant auf Deck 9, das Weite Welt Restaurant auf Deck 10 und das Bella Vista Restaurant auf Deck 11 am Heck des Schiffes gehören zu den Buffet-Restaurants. Hier sind alle Tischgetränke wie Bier, Rot- und Weißwein, so wie die Softgetränke zum Essen im Preis enthalten. In dem Spezialitäten-Restaurant Almhütte gibt es typische Bierzelt-gerichte wie halbe gegrillte Hähnchen, Ente, Schweinshaxen, Bratwurst oder panierte Schnitzel, natürlich mit den ent-sprechenden Beilagen, so wie den Vor- und Nachspeisen. Das Restaurant ist ganz traditionell im natürlichen Holzstyle eines typischen Gasthauses in Bayern oder Österreich ausgestattet. Uns hat es dort immer sehr gut gefallen, zumal die halbe Ente "Knuspriger Schnabler" oder der Schweinshaxen einfach super schmecken. Im Spezialitäten-Restaurant Best Pizza @ Sea auf Deck 11, im Heck, gibt es Pizza wie der Name schon sagt. In den Spezialitäten-Restaurants ist das Essen inkludiert, aber die Getränke müssen separat bezahlt werden. Im À-la-carte-Restaurant Buffalo Steak House auf Deck 10 sind alle Speisen und Getränke separat zu bezahlen.

In dem 252 Meter langen und 38 Meter breiten Schiff, das einen Tiefgang von über 7 Meter hat und von zwei elektrischen Propellermotoren mit rund 34 000 PS bis auf eine Höchst-geschwindigkeit von 22,5 kn (42 km/h) angetrieben wird, gibt es in der Mitte des Schiffes ein rundes Theater, mit versenkbaren Bühnen, das auf mehreren Stockwerken von einer Glasfassade umrahmt wird. Auf dem Sonnendeck befinden sich Whirlpools und Swimmingpools, so wie ein separater Nacktbereich und ein getrennter Spa-Bereich mit Sauna, der separat bezahlt werden muss. Auf dem gesamten Schiff kümmern sich 607 Mitarbeiter um die Gäste die in 1025 Kabinen und Suiten untergebracht sind. Für die Nachtschwärmer und Menschen die gerne tanzen, stehen 11 Bars in unterschiedlicher Größe und Mottos zur Verfügung. Die Cocktails und alle anderen Getränke in diesen Bars sind nicht im Reisepreis inkludiert und müssen separat bezahlt werden. Für die Sportler unter den Gästen steht ein großer und moderner Fitnessraum mit der neusten Sportgeräteausstattung kostenfrei zur Verfügung. Dort werden auch Handtücher inkludiert bereit gestellt, dies gilt auch für das Sonnendeck.

Für Gäste die es tagsüber aktiv oder gesellig mögen, gibt es auf der Aida Luna von 9 Uhr bis 22 Uhr eine Fülle von Aktivitäten, die alle im "my AIDA HEUTE" aufgeführt sind.

Abends aßen wir wieder im Markt Restaurant auf Deck 9 und ich gönnte mir dort ein ganz leckeres gegrilltes Rinderhüftsteak mit frischen grünen Bohnen im Speckmantel und Rosmarinkartoffeln, anschließend den gut gegrillten Fisch mit frischem grünen Spargel. Den separaten Beilagenteller stellte ich mit frischem bunt gemischtem Salat und Gemüse zusammen, obendrauf kam ein Dressing aus Joghurt und gekrönt wurde das Ganze mit Kürbis- und Sonnenblumenkernen. Zum ersten Gang des Essens schmeckte mir das Bier recht gut, beim Fisch stellte ich auf Wein um. Zum Nachtisch aß ich frisches Obst und drei verschiedene Kugeln italienisches Eis mit viel Sahne und Schokosplitter drauf. Da alles sehr lecker schmeckte, will ich bei der großen Auswahl an Essen nicht alle Gerichte aufzählen, sonst wird das Buch noch zu einem Kochbuch.

Am Abend gingen wir noch ins Theater und lauschten dem Interview vom Mitarbeiter Oli Griese mit dem Kapitän der Aida Luna namens Sven Gärtner. Dieser hat einen ganz interessanten Werdegang hinter sich. Während seiner Ausbildung zum Schiffsmechaniker war er auf allen Weltmeeren unterwegs. Nach der Lehre machte er sein Fachabitur, anschließend studierte er an der Fachhochschule für Seefahrt in Elsfleth. Nebenbei arbeitete er als Matrose auf der MS "Europa", um sich sein Studium zu finanzieren. Danach war er bei über hundert Expeditionskreuzfahrten als Kapitän auf der Polarstern in der Antarktis unterwegs und steuerte anschließend als Kapitän eine private Segeljacht mit 108 Meter Länge und über 75 Besatzungsmitgliedern. Seit vielen Jahren ist er nun schon Kapitän bei Aida und ihm gefällt diese Aufgabe sehr gut, natürlich ganz besonders auf der Luna. Nach diesem Interview fühlten sich die Gäste sehr sicher auf der Aida Luna, weil sie ein Mann mit so viel Berufserfahrung steuert und die ganze Verantwortung trägt.

Kurz danach folgte die Show der Aida Stars, das war eine Artisten-, Tanz- und Gesangsvorstellung mit den ganz persönlichen Geschichten des Showensembles. Dort konnte man erfahren, wo die Stars herkommen, wie der Weg zur Aida verlief und wie sie im privaten Leben aussehen. Es macht Spaß dort zuzuschauen und zuzuhören, denn so etwas sieht oder erfährt man nicht alle Tage.

Für uns ging es nach der Show schon wieder ins Bett, denn nach dem gemütlichen Seetag geht es gleich ganz früh auf die Insel Antigua, um genau zu sein in den Hafen von St. John's, der in der Green Bay liegt. Bereits um 8 Uhr liegt die Aida Luna im Hafen von St. John's und wir haben bis 20 Uhr Zeit um uns ein Bild von der Insel zu machen. Da wir alle schon öfters auf dieser Insel und in dem Ort waren, können wir es ruhig angehen, weil wir schon wissen was uns dort erwartet.

Zusammen mit den kleinen Schwesterinseln Barbuda und Redonda ist Antigua die größte und am weitesten entwickelte

Insel der kleinen Antillen. Die Inseln bilden zusammen einen Inselstaat, dessen Fläche insgesamt 443 km² beträgt, wobei Antigua mit 280 km² die größere Insel ist. Antigua wurde im Jahre 1493 von Christoph Kolumbus entdeckt. Er gab der Insel den Namen Antigua nach der spanischen Kirche Maria La Antigua in Sevilla. Im Jahre 1967 wurde Antigua zum verbündeten Staat innerhalb des Commonwealth, jedoch die vollständige Unabhängigkeit des kleinen Staates Antigua wurde erst 1981 ausgerufen. Die Hauptstadt St. John's wurde 1632 von englischen Kolonisten angelegt und noch heute sind hier viele Kolonialbauten aus dieser Epoche zu finden, manche jedoch ein wenig verfallen.

In der überschaubaren Hauptstadt leben rund 22 000 Menschen, dort befindet sich eine kleine Shopping Mall direkt am Hafen und gemütliche bunte Holzhäuser auf der rechten Seite die neu gebaut wurden, in denen kleine Shops und urigen Kneipen, so wie nette Restaurants untergebracht sind. Da die Insel 365 Strände besitzt ist sie ein ideales Urlaubsziel für Badegäste und Wassersportfreunde. Rein theoretisch könnte man an jedem Tag im Jahr einen neuen Strand für sich entdecken.

Der Tourismus macht heutzutage über 70% der Staatseinnahmen aus, dies erreicht man durch über 500 000 Gäste pro Jahr. Den Hauptanteil bilden die USA und Großbritannien, wobei die Deutschen stark am Aufholen sind. Auf der Speisekarte findet man Hummer, gebratenes oder gegrilltes Ferkel, Geflügel und Wild, Fisch, verschiedenste Reisgerichte, so wie ganz frische exotische Salate und Pilze. Natürlich werden in der ganzen Karibik, so auch auf Antigua frische Früchte wie Mango, Paw-Paw, und Ananas in sehr vielfältiger Art und Weise zubereitet. Die natürlichen und sehr beliebten Getränke auf Antigua bestehen aus vielerlei Frucht- und Zuckerrohrsäften, so wie Kokosnussmilch und Cocktailvariationen mit dem bekannten und traditionellen Alkohol, nämlich dem Rum als Hauptbestandteil.

Wirtschaftlich gesehen ist die Hauptstadt St. John's das kommerzielle Zentrum des Staates, sowie der Haupthafen der Insel Antigua. Sie ist ein Exportzentrum für Zucker, Rum und Baumwolle sowie für die Herstellung von Kunsthandwerk, Faserprodukten, Töpferwaren und Textilien.

Die Währung auf der Insel ist der Ostkaribische Dollar, der in etwa 0,37 Euro entspricht. Den US-Dollar nehmen die Insulaner von den Kreuzfahrern sehr gerne als Zahlungsmittel.

In St. John's gibt es ein paar wenige Sehenswürdigkeiten, z.B. das Museum von Antigua und Barbuda, das in einem ehemaligen Britischen Kolonialgericht untergebracht ist. Hier wird ein lebhafter Einblick in die Geschichte dieser Region vermittelt. Die meisten Exponate stammen aus der Zeit der Sklaverei und von Arawak-Indianer, die vor der Entdeckung / Kolonisierung die Ureinwohner der Insel waren.

Die imposante Kathedrale von St. John's, die auf einer kleinen Erhöhung steht und sich über die Wipfel der Mahagonibäume erhebt, ist natürlich Pflichtprogramm beim Besuch dieser Insel und für Leute die ein wenig Geschichte erleben möchten. Diese anglikanische Kathedrale im Barockstil wurde 1845 auf dem Platz der zwei Vorgängerbauten errichtet, die bereits im Jahre 1683 und 1745 von Erdbeben zerstört wurden. Die zwei ansehnlichen achteckigen Türme schließen jeweils mit einer bronzenen halbrunden Kuppel als Dach ab. Im Innern wurde diese Kirche komplett mit Kiefernholz ausgekleidet, um das Gebäude vor einem weiteren Erdbeben zu schützen. Einer der wenigen Schmuckstücke im Kirchengebäude sind die wertvollen Silbertafeln, die von den Besuchern gerne betrachtet werden. Um die Kathedrale befinden sich sehr alte Gräber und Grabsteine, die oft von massiven Stahlzäunen umrahmt sind, alles ist ein wenig schief und krumm und der Stahl rostet oftmals. Seit 1971 ist Saint John's auch der Hauptsitz des römisch-katholischen Bistums. Zu unserer Besuchszeit fanden wir ein halbes Dutzend kleiner Hundewelpen unter einer der Grabplatten, die sich nach und nach heraus trauten.

Das alte Gouverneurshaus wird von einem gepflegten Rasen, so wie wunderschönen Gärten umgeben, und ist ein schönes Beispiel der kolonialen Baukunst.

Der Marktplatz ist für uns natürlich sehr interessant, da hier das quirlige Leben stattfindet und viele Einwohner in ihren bunten traditionellen Kleidern zu sehen sind, aber auch die vielen exotischen Früchte sind eine Augenweide.

Wir haben uns zudem noch die interessante Markthalle und die separate Fleischhalle angeschaut, hier sieht man noch ganz traditionell die Arbeit eines Schlachters oder Metzgers. Unsere Frauen sind nicht mit hinein gegangen, weil es ihnen zu rustikal war, aber Artur und mich interessierte dies und wir nahmen uns die Zeit zur Besichtigung.

Wer die Augen in St. John's offen hält und eine größere Runde zu Fuß unternimmt, der sieht auch ein paar Statuen und schön angelegte Plätze zur Erinnerung einiger wichtigen Menschen für diese Ortschaft. Oftmals sind die Exponate sehr bunt und typisch für die aktuelle Kultur in der Karibik dargestellt. Aber auch Kindergärten, Schulen und Schüler in ihren klassischen Schuluniformen sind zu entdecken. Die Bewohner in den Wohnvierteln am Rand der Ortschaft mögen hohe Zäune und Hunde die oftmals alleine durch den Ort laufen oder vor den Grundstücken auf der Straße liegen. Diese Tiere sehen teilweise verwildert und krank aus, dennoch hatten wir den Eindruck, dass keine Gefahr von ihnen ausgeht und sie nur ihre Ruhe haben wollten.

Eines sollte unbedingt hier beachtet und beherzigt werden, denn in den belebten Einkaufsstraßen, Märkten, und historischen Stätten, aber auch bei der Benutzung der öffentlichen Verkehrsmittel kommt es immer wieder zu Taschendiebstählen und Kleinkriminalität. Deshalb nur das allernötigste Kleingeld mitnehmen und unter Verschluss halten, so wie keinen Schmuck und Uhren sichtbar tragen. Das Smartphone, die Kamera, Ausweisdokumente, oder die Bordkarte am besten in einem kleinen Tagesrucksack unsichtbar verstauen. Ausweise möglichst nur als Kopie mitführen und Bargeld nur innerhalb der Banken vom Automat abheben. Denn Trickbetrüger warten hier oftmals schon auf unvorsichtige Gäste der schönen Insel. Sollten sie bei aller Vorsicht dennoch überfallen werden, leisten sie bitte keinen Widerstand.

Da wir so gut wie immer zu viert unterwegs sind und noch einigermaßen rüstig aussehen, wurde uns glücklicherweise auf der ganzen Reise nichts entwendet.

Nach unserer langen Stadtbesichtigung liefen wir wieder zum Schiff zurück und schlemmten im klimatisierten Restaurant. Danach packten wir unsere Badetaschen und liefen abermals von Bord in die Stadt St. John's, was nur ein paar Minuten dauerte. Dort spielte zu unserer Freude, wie heute Morgen, immer noch die vierköpfige einheimische Band zum Empfang der Gäste. Wir steuerten die vielen Taxifahrer mit ihren bunten Landkarten an, die sauber in Folie eingeschweißt waren, um Preisverhandlungen zu unterschiedlichen Stränden zu führen. Da wir alle schon mal hier waren und die naheliegenden Strände besucht hatten, dessen Fahrt immer 5 US-Dollar pro Peron und pro Richtung kostet, entschieden wir uns dieses Mal für einen Strand der auf der anderen Seite der Insel lag. Für diesen Transfer sollten wir im Taxi 10 US-Dollar pro Richtung und pro Person bezahlen. Wir verhandelten und einigten uns auf 8 US-Dollar pro Richtung und pro Person. Vereinbarten aber auch gleich einen Termin für die Rückfahrt. Die rote Telefonzelle steht an einem nahegelegenen Strand und das Strandfoto mit mir ist auf dem entfernten Strand. Die Namen der Strände könnte ich benennen, aber bei 365 Stück auf dieser Insel macht das wenig Sinn. Deshalb mein Tipp, schauen sie sich die Fotos der Strände auf den Landkarten der Taxifahrer an und entscheiden sich für ihren persönlichen Traumstrand. So können sie eigentlich nichts falsch machen.

Kurz vor Sonnenuntergang kamen wir von unserem Strandbesuch zurück und schwärmten noch im Taxi über die tollen

Strände, das saubere und warme Wasser in der Karibik. Unsere Frauen waren sowas von begeistert und würden am liebsten ein paar Tage länger hier verweilen.

Als wir wieder am Steg ankamen lag das Schwesterschiff der Aida Luna immer noch auf der gegenüberliegenden Seite der Anlegestelle im Hafen. Es war Jubel und Trubel auf dem Steg und eine tolle Party ging von statten, so mit Musik, Cocktails und allerlei Unterhaltung. Dies organisiert die Reederei Aida immer, wenn an einem Steg zwei Kreuzfahrtschiffe ihres Unternehmen anlegen. Das freute uns sehr und wir stimmten uns in die gute Partystimmung ein und genossen die kostenfreien Cocktails.

Pünktlich um 20 Uhr legte unser schwimmendes Luxushotel im Hafen von St. John's von der wunderschönen Insel Antigua ab, dreimal ließ der Kapitän das Schiffshorn laut dröhnen und anschließend hörten wir das Abschiedslied Sailaway von Martin Lingnau, das immer bei Abfahrten von der Aida gespielt wird.

Über Nacht führt unsere Route zur Insel St. Kitts in den Hafen von Basseterre, wo wir nach nur 83 Seemeilen (154 km) am Liegeplatz Heritage Pier South um 8 Uhr anlegen. Unser Kreuzfahrtschiff bleibt dort bis 20 Uhr liegen. Das Wetter ist wie am Tag zuvor bei leichter Bewölkung und Sonnenschein um die 27°C.

Auch diese Insel entdeckte Christoph Kolumbus, aber erst auf seiner zweiten Reise in die neue Welt, nämlich im Jahre 1493. Die Briten kolonialisierten diese Insel erst im Jahre 1623 und damit war es die erste Kolonialisierung des englischen Volkes. Der Name der Insel St. Kitts kommt aus der Kurzform für St. Christopher, die im 17 Jahrhundert als Kit üblich war. Erst 1983 erlangte St. Kitts und die Nachbarinsel Nevis ihre Unabhängigkeit, sind aber bis heute Mitglied im Commonwealth. Der Staat gehört mit seinen rund 53 000 Einwohnern und einer Fläche von 261 km² zu den zwölf kleinsten allgemein anerkannten Staaten der Erde, dessen Hauptstadt ist Basseterre.

Die größere Insel St. Kitts besitzt einen Anteil der Gesamt-fläche des Inselstaates von 168 km² und Nevis kommt auf 93 km², somit leben hier 205 Einwohner pro Quadratkilometer. Es gibt in der drei Kilometer breiten Meerenge zwischen den beiden Inseln ein kleines Eiland namens Booby Island, sie besitzt eine Landfläche von rund einem 1 ha.

Die örtliche Küche spiegelt die verschiedenen historischen Einflüsse auf der Insel wider, somit hat das Essen afrikanische, französische, englische und mittelöstliche Wurzeln. Die Restaurants in dem Inselstaat sind hier deutlich günstiger als auf den französischen Inseln von Guadeloupe und St. Barts. Die Gaumenattraktionen sind hier ganz besonders Gerichte aus frischem Fisch und verschiedenen Fruchtdesserts.

Ethnisch gesehen bilden die Schwarzen mit rund 91% Menschen die Mehrheit der Bevölkerung, einen ethnisch gemischten Hintergrund haben 5%, danach folgen die Süd-asiaten mit 3% und Weiße die in der Hauptsache aus Briten, Libanesen und Portugiesen bestehen haben den restlichen Anteil von rund 1%.

Die offizielle Amtssprache der Föderation ist Englisch. Jedoch werden oft kreolische Dialekte gesprochen.

Die religiöse Mehrheit der Bewohner bilden die Anglikaner mit 36% und Methodisten mit 32%, gefolgt werden diese durch die Katholiken mit 12% und den Herrnhuter mit 9%. Zudem gibt es noch rund 40 verschiedene weitere Religionsgemeinschaften.

Der Flammenbaum ist die Nationalpflanze des Landes. Häufig vorkommende Pflanzen sind u. a. eine Variante der Palmetto-palme, Hibiskus, Bougainvillea und Tamarindenbaum. In den bergigen und dichten Wäldern der Inseln ist eine Kiefern-Variante häufig zu finden, dazu gibt es noch ein größeres Vorkommen verschiedene Farnvarianten.

In der Fauna gehört der Braunpelikan zu den Nationalsymbolen des Landes. Insgesamt findet man auf den Inseln über 176 Vogelarten die bisher beschrieben wurden.

Als wir am frühen Morgen im Hafen von Basseterre ankamen, lagen schon zwei große Kreuzfahrtschiffe in dessen Hafen, eine davon war die beeindruckende Anthem of the Seas. Sie wurde in der Meyer Werft in Papenburg für rund 950 Millionen US-Dollar gebaut und der Stapellauf erfolgte im Jahr 2015. Das riesige und schöne Schiff ist rund 347 Meter lang und 41 Meter breit, der Tiefgang beträgt maximal 8,8 Meter. Die zwei Propeller zur Fortbewegung des Schiffes werden Diesel-elektrisch angetrieben und der Generator leistet über 91 000 PS. Damit erreicht dieses Kreuzfahrtschiff eine Höchst-geschwindigkeit von 22 kn (41 km/h). Die Besatzung setzt sich aus 1550 Mitarbeitern zusammen, die maximal 4900 Gäste betreuen und diese auf 16 Decks in 2090 Kabinen untergebracht werden. Dieses Kreuzfahrtschiff gehört zur Reederei der Royal Caribbean.

Im Prinzip verlief dieser Tag so wie der Vortag, denn am Vormittag schauten wir und die Stadt Basseterre an und nach dem Mittagessen fuhren wir an den Strand zum Schwimmen und Baden. Wir beschafften uns am Eingang der Stadt einen kostenlosen Plan für den Tourismus, um keines der Sehenswürdigkeiten zu verpassen. Da die Frauen sich alles gemütlich anschauen wollten und ich mit fotografieren beschäftigt war, übernahm Artur die Stadtführung nach dem vorliegenden Stadtplan. Der erste Weg folgte durch den Hafeneingang, wo sich sehr viele Gäste vor dem Schild St. Kitts ablichten ließen. Kurz darauf erreichten wir The Circus, der das Wahrzeichen der Stadt Basseterre darstellt. Dieser Circus-Platz wurde dem Piccadilly Circus in London nachempfunden. Auf diesem achteckigen Platz treffen die Hauptstraßen der Stadt zusammen, das ist die Liverpool Street, Bay Road, Fort Street, und die Bank Street. Im Zentrum steht das grüne Thomas Berkeley Memorial, unten mit einer Trinkquelle und oben die Stadtuhr unter dem goldenen Kreuz.

Wir laufen durch die kleinen Straßen und betrachten die bunten Kolonialgebäude, die oftmals sehr gepflegt und bunt angestrichen sind.

Letztendlich erreichen wir den alten Sklavenmarkt aus dem 18. Jahrhundert, der heute zu einer erholsamen Parkanlage umfunktioniert wurde und in dessen Mitte ein schöner großer Brunnen steht. Ganz besonders toll fand ich die Idee im Park, zwischen dem riesigen Bambus eine Parkbank in dessen Schatten zu stellen. Dort verbrachte eine junge Bankangestellte ihre Pause und ich erlaubte mir ein Gespräch mit ihr anzufangen, das für mich sehr informativ war. Sie war sehr offen und freundlich, ich durfte sie sogar fotografieren. Sofia, Artur und Silvia saßen im Schatten auf der Bank am Wegrand und entdeckten mitten im Gras eine ca. 15 cm lange schwarze Raupe mit gelben Ringen, der Kopf und das Ende des Tieres war dunkelrot. So eine riesige Schmetterlingsraupe habe ich zuvor noch nie gesehen, zudem bewegte sich das Tier relativ schnell und zielorientiert. Da Sofia unbedingt genau wissen wollte, was dies für ein wunderschöner und riesengroßer Schmetterling wird, recherchierte sie im Netz. Sie stellte fest dass die Raupe der Gattung Frangipani spinx ein Falter mit dem Namen Frangipani spinx Motte wird. In Fachjournalen wird die Art Pseudosphinx tetrio genannt. Pseudosphinx tetrio ist die einzige Schmetterlingsart der Gattung Pseudosphinx aus der Familie der Schwärmer (Sphingidae). Die damit monotypische Gattung ist nahe mit den Gattungen Erinnyis und Isognathus verwandt. Die Art ist im tropischen und subtropischen Amerika verbreitet. Die Raupe ist ausschließlich von der Zierpflanze des Roten Frangipani (Plumeria rubra) als einzige Nahrung abhängig. Im Herbst verpuppen sich die Raupen und die Pflanzen lassen jahreszeitlich bedingt die Blätter fallen, so dass der durchaus erhebliche Blattfraß an den Pflanzen meist unbemerkt bleibt. Die Art entgeht so einer Bekämpfung durch Menschen, was auf Grund der starken Abhängigkeit von dieser Zierpflanze eine starke Dezimierung zur Folge hätte. Die Entwicklung dieser schönen und extrem großen Raupe bis zum Falter läuft wie folgt ab. Die Weibchen legen ihre Eier in Gruppen bis 100 Stück an der Ober- und

Unterseite der Nahrungspflanzen ab. Innerhalb von nur drei Tagen schlüpfen sämtliche Raupen aus einem Gelege. Diese fressen dann in Gruppen auf den Nahrungspflanzen. Bevor die kleinen Vielfraße ein Blatt fressen, nagen sie zunächst ein Loch in den Stängel, aus dem weißer Pflanzensaft austritt. Der Grund dafür ist, dass sie beim Fressen des Blattes weniger von diesem Saft mit aufnehmen. Üblicherweise durchleben die meisten Schwärmerarten der Raupen dieser Art nicht fünf, sondern sechs Raupenstadien. Die Entwicklung ist abhängig von diesem Umstand und nach 24 bis 30 Tagen abgeschlossen. Ihre auffällige Färbung, kombiniert mit der geselligen Lebensweise und der Giftigkeit der Nahrungspflanzen, schließt darauf, dass die Tiere ihre Fressfeinde vor ihrer Giftigkeit warnen. Ihre Verpuppung erfolgt am Boden in einem Kokon, der zu meist aus Pflanzenteilen und ähnlichem besteht, die nur durch lockere Seidenfäden miteinander verbunden werden. Wird die Puppe in dieser Phase gestört, so wird sie sehr aktiv. Die Merkmale der Falter sind ebenso beeindruckend und groß wie die Raupe zuvor. Die Vorderflügellänge wird bis zu 78 Millimeter und zählt mit dieser Flügelspannweite von bis zu 170 Millimetern zu den größten Schmetterlingen des amerikanischen Kontinentes. Ihre Größe, die schlicht gefärbten grau-weißen Vorder- und Hinterflügel und der ebenso gefärbte Körper unterscheiden die Art deutlich von den anderen Schwärmern. Die Art sieht nur einigen Arten der Gattung Erinnyis ähnlich, dabei sind diese aber deutlich kleiner und haben orange oder gelbe Hinterflügel. Beide Geschlechter unterscheiden sich im Stadium der Falter, denn die Männchen haben Vorderflügel mit dunkler Grundfarbe und sind deutlich gemustert. Dagegen ist die Grundfarbe der Weibchen immer heller und ihre Musterung ist weniger stark ausgeprägt. Bedingt durch die große Anzahl der abgelegten Eier, hat die Evolution dies so eingerichtet, dass die Weibchen in der Regel etwas größer als die Männchen werden. Jedoch die Musterung ist bei beiden Geschlechtern relativ variabel, insbesondere der Kontrast der Farben ist bei den Weibchen recht unterschiedlich stark ausgeprägt. Das war nun doch recht viel Information zu dieser Raupe, aber warum nicht einmal ins Detail gehen, zumal es spannend ist und wir mit dem Lebewesen kontaktiert wurden. Nach einer kurzen Pause führte uns unser Weg zur Anglikanischen St. George's -Kirche, die nördlich des Circus an der Cayon Street, mitten in einer schönen und gepflegten Grünanlage, liegt. Von den Franzosen wurde diese Kirche im Jahre 1670 errichtet und der Notre Dame geweiht. Die Engländer zerstörten 1907 das Gebäude und setzten es bis auf die Grundmauern in Flammen, anschließend bauten sie die Kirche wieder neu auf. Zudem haben Naturkatastrophen der Kirche immer wieder zugesetzt, in den Jahren 1763 und 1867 gab es große Feuer und 1843 erschütterte das Gebäude ein Erdbeben. Das Gotteshaus wurde also mehrfach wieder aufgebaut und so für uns heute sehr schön erhalten.

Artur zeigte uns die ganze Stadt, so auch das große Stadion und weitere schöne Gebäude und Kirchen. Weil wir u.a. auch ganz außen um die Ortschaft zwischen den schönen Villen liefen, entdeckten wir sogar das Olympic Committee von St. Kitts und Nevis. Unsere Frauen waren ganz schön geschafft von diesem langen Fußmarsch und deshalb ging es auf kürzestem Weg wieder zurück auf das Schiff zum Mittagessen. Das erste Glas Bier schmeckte allen so erfrischend und gut, das in kurzer Zeit ein zweites geordert wurde. Aber diese Erfrischung zum Mittagessen haben wir uns auch redlich verdient.

Es gibt noch ein ganz interessantes Ausflugsziel auf dieser Insel, nämlich den Sugar Train. Dies ist eine Schmalspurbahn die früher für den Abtransport der Ernte des Zuckerrohres auf den großen Plantagen eingesetzt wurde. Heutzutage wird er nur noch als reine Touristenattraktion und zum Personentransport genutzt. Hiermit lässt sich die interessante Insel ganz gemütlich im Fahrtwind erkunden.

Die Sicherheitshinweise gelten auch hier, wie schon zuvor genannt. Dies sollte ein Hinweis für die gesamte Reise sein und ich werde es nicht mehr wiederholen, da ich nicht langweilen möchte.

Nach dem Mittagessen fahren wir für 5 US-Dollar pro Person an die Frigate Bay, um uns dort ein wenig vom Fußmarsch zu erholen. Unsere Taxifahrerin fährt uns direkt bis an den Strand, so müssen wir kaum noch laufen. Der Strand ist schön, es gibt einige kleine Bars, Toiletten und Duschen, die aber nur benutzt werden dürfen, wenn man etwas an der Bar kauft. Wir genießen die Sonne, den warmen weißen Sand und das erfrischende Meer sehr bewusst, denn heute hatten wir in Deutschland -7°C. Wir alle sind sehr dankbar, dass wir uns solch eine schöne Reise leisten können und genießen dies in vollen Zügen. Nach ein paar Stunden holt unsere Taxifahrerin uns wieder pünktlich zum abgestimmten Termin ab, sie war sogar zehn Minuten früher dran. Ihr schönes weißes Großraumtaxi, das mit weißem Leder ganz elegant und neu ausgestattet ist schützte sie diesmal mit Folien und Decken. Vermutlich rechnete sie damit, dass ihre Gäste Sand und Dreck, womöglich sich mit nassen Badesachen auf ihre schönen Polster setzten und diese verschmutzen. Aber da hat sie sich diesmal verkalkuliert, denn wir sind ordentlich erzogen, rücksichtsvoll und wissen was sich gehört, deshalb würden wir so etwas nie tun. Natürlich musste jeder nochmals 5 US-Dollar für die Fahrt in den Hafen, zu unserem Kreuzfahrtschiff, bezahlen.

Auf dem Schiff ging es kurz unter die Dusche, schnell etwas Schickes und Frisches angezogen und schon saßen wir wieder beim gemütlichen Abendessen. Die angebotenen Speisen waren wieder spitze und wir genossen an diesem Abend ganz besonders das frische Obst aus der Karibik. Selbstverständlich auch das Bier und den Wein, denn wir haben Urlaub und da darf man sich auch mal was gönnen. Zumal wir so tapfer am frühen Morgen schon durch die Stadt gelaufen sind.

Danach verfolgen wir das Auslaufen des Schiffes und später das Entertainment im Theater, ganz besonders schön war die Tanz- und Artistenshow ab 21:15 Uhr, denn auf Deck 9 bis 11 wurde uns ein Treffen des frischen Sounds auf moderne Bewegung und Artistik präsentiert. Es geht hierbei um den Augenblick welcher unser Leben verändern kann. Aus der flüchtigen Bewegung zweier Menschen können binnen Sekunden Emotionen und Geschichten entstehen. Diesen Augenblick geschehen zu lassen, ist die eigentliche Kunst, sein Leben zu leben. Mit dem Thema "Augenblick" erleben wir die AIDA Stars in einer völlig neuen Generation.

Anschließend gingen wir gleich ins Bett, denn nach 70 Seemeilen (130 km) sind wir schon am nächsten Morgen um 7 Uhr auf der Insel Sint Maarten (niederländisch) in Philipsburg am Liegeplatz A.C. Wathey South N. Bis 18 Uhr haben wir dann genügend Zeit die Insel zu erkunden.

Da wir schon mehrfach auf dieser Insel waren, brauchten wir uns keinen Stress machen, denn wir wollen diesmal nur in die Stadt Philipsburg und uns dort etwas umschauen und anschließend gleich schwimmen gehen. Deshalb nehmen wir die Badetaschen mit, um nicht noch einmal zum Schiff zurückzugehen, wie wir es sonst getan haben.

Schon bei der Hafeneinfahrt sieht man den Reichtum der Insel, denn hier gibt es wunderschöne und große Prachtvillen an der Küste und mitten in den grünen Berghängen. Die alle schön angelegt sind und in der Regel einen größeren Pool im Bereich der gepflegten Gartenanlage besitzen. Ebenso liegen prachtvolle und teure Segelboote und große Luxusyachten in den privaten Yachthäfen. Man sieht ganz genau, auf Sint Maarten treffen sich die Schönen und Reichen.

Kurz vor dem Landgang hatten wir noch ein wenig Zeit und stöberten deshalb in der "my AIDA HEUTE" und entdecken auf der ersten Seite einen kleinen Bericht von der Umweltoffizierin Ulrike Grogoll. Sie informiert darüber, dass die Kreuzfahrt von einer intakten Natur und dem reichen kulturellen Erbe unserer Welt lebt. Deshalb setzt sie sich leidenschaftlich für die Erhaltung der Schönheit der Meere und der Erde ein, um sie für unsere nachfolgende Generation zu erhalten. Dabei spielt der schonende Umgang mit unseren Ressourcen eine entscheidende Rolle. Sie folgt dem Motto:

Reduce, Replace, Recycle. Schon beim Einkauf achtet Aida darauf, wo immer es möglich ist, dass alle eingesetzten Materialien wiederverwertbar oder biologisch abbaubar sind, oder verzichten ganz auf ihren Einsatz. Aus diesem Grund fügen sie beispielsweise nur auf Wunsch einen biologisch abbaubaren Trinkhalm zum Getränk hinzu. So können alle Gäste helfen ein wenig für die Erhaltung der Natur für den Umweltschutz beizutragen. Das ist nicht besonders schwer, denn z.B. Wasser kann man ganz ohne Verzicht auf irgendwelche Einschränkungen einsparen. Zum Beispiel, wenn man ohne laufendes Wasser die Zähne putzt oder wenn die Dusche zwischendurch beim Einseifen abgestellt wird, zumal dies sowieso wirksamer ist. Für uns ist das nichts Neues, weil wir das unser ganzes Leben lang schon so handhaben, aber es gibt wohl Menschen denen das noch nicht ganz klar ist!

Übrigens die Inseln um und Sint Maarten sind ein autonomes Land innerhalb des Königreiches der Niederlande. Wobei Sint Maarten, mit seinen 41 000 Einwohnern, aus dem südlichen Teil der Karibikinsel St. Martin sowie einigen kleinen unbewohnten Nebeninseln und Felsen (Guana Key, Cow & Calf, Hen & Chickens, Molly Beday und Pelikan Key) besteht. Der größere nördliche Teil der Insel wird vom französischen Überseegebiet Saint-Martin eingenommen. Der Hauptort von Sint Maarten ist Philippsburg und 2011 zählte man 1327 Bewohner in diesem Städtchen. Die Fläche des niederländischen Teils beträgt rund 34 km² und besitzt eine gute Infrastruktur, einen Flughafen in der Simson Bay und ein ordentliches Straßennetz.

Auch diese karibische Insel wurde von Christoph Kolumbus im Jahre 1493 entdeckt und weil er sie am 11 November zum Namenstag vom heiligen Martin von Touls das erste Mal sah, taufte er sie auf den Namen St. Martin. Im Jahre 1630 wurden auf dem französischen- und niederländischen Teil erste kleine Siedlungen errichtet. Die Amerikaner bauten 1943 den ersten kleinen Flughafen auf der Insel und damit war der Grundstein für einen regionalen Verkehrsknotenpunkt errichtet, zudem war der Weg für den anschließenden Tourismus frei.

Die Wirtschaft auf Sint Maarten lebt im Wesentlichen von der Offshore-Zone. Die vielen Firmen, die auf Sint Maarten registriert sind und im niederländischen Teil der Insel keine Geschäfte betreiben, sind von Steuern befreit, was natürlich viele Firmen anlockt. Weiterhin gibt es in dem kleinen Paradies keine Eigentums- und Kapitalertragsteuern. Diesen Vorteil nutzen selbstverständlich gerne viele reiche Menschen. Daraus folgen die wichtigen Wirtschaftszweige, wie der Immobiliensektor, Handel, Transport, Tourismus und Finanzdienstleistungen.

Nun wird es Zeit, dass wir mit unseren kleinen Badetaschen von Bord gehen und die Stadt Philipsburg am Great Bay erreichen. Da wir vom Kreuzfahrtterminal nur rund dreißig Minuten zu Fuß an der Küste, auf einem gut asphaltierten Fußweg parallel der Straße entlang gehen können, um den Hauptort zu erreichen, so haben wir es sonst immer gehandhabt. Weil aber Sofias rechter Fuß nicht gut belastbar war und Silvia auch schlecht laufen konnte, fuhren wir mit dem großen Wassertaxi, das in Form eines motorbetriebenen Katamaran uns komfortabel in wenigen Minuten zur Stadt fährt. Der Transport kostet pro Person 7 US-Dollar und hat Gültigkeit für die Hin- und Rückfahrt. Dafür bekommt man ein wasserfestes Band um das Handgelenk, damit der Kontrolleur auf dem Wassertaxi bei der Rückfahrt weiß wer schon bezahlt hat. Die Tickets dafür können direkt an den zwei kleinen Verkaufshäuschen in mitten des Vorplatzes der schönen Geschäfte nach dem Kreuzfahrtterminal erworben werden. Bevor wir aber auf die linke Seite zum Wassertaxi laufen, machen wir noch ein paar Fotos von der Umgebung und dem Schild St. Martin, das zwischen Blumen unter Palmen im Vorgarten eines Geschäftes steht.

Kurz vor dem Wassertaxi sitzen jede Menge dieser großen Grünen Leguane (Iguana iguana) regungslos in der Sonne, wir entdeckten sie auf den Bootsstegen, den Zaunpfosten oder auf den kleinen Felsen am Wasser. Der Grüne Leguan ist ein Vertreter der Leguane (Iguanidae), dessen Lebensraum in

Mittelamerika und Südamerika liegt. Diese Tiere erreichen mit dem Schwanz Körperlängen von rund zwei Metern, manchmal sogar zehn Prozent darüber. Das bisher größte bekannte Exemplar ist 2,30 Meter lang, wiegt 10,5 Kilogramm und ist im Chicago Museum of Natural History ausgestellt. Die meisten Leguane dieser Art werden jedoch maximal 1,5 Meter lang, wobei die Männchen deutlich größer sind als die weiblichen Tiere und erheblich größere Stacheln auf dem Rücken und dem Schwanz besitzen. Sie können in Gefangenschaft bis 17 Jahre alt werden, der Rekord liegt aktuell bei 25 Jahren. Dies ist stark abhängt von der richtigen Ernährung in den ersten Lebensjahren der Tiere. Die Männchen besitzen einen massigen Kopf, eine große Kehlwamme, sowie Backen im Bereich der vergrößerten Schuppen unter dem Trommelfell, die infolge von Muskelvergrößerung und der Einlage von Fettgewebe bei den Tieren stark hervortreten. Entgegen seinem Namen ist Iguana iguana nicht vollkommen grün, viele Tiere sind eher gräulich-grün oder haben einen starken Einfluss von braunen Farbtönen, wie auch das schöne Exemplar, dessen Kopf ich fotografiert habe. Dieser Bursche war über eineinhalb Meter lang, sozusagen ein echtes Prachtexemplar. Grundsätzlich lebt diese Tierart in Mittel- und Südamerika bis Paraguay. Einzelne Vorkommen findet man bis in den äußersten Süden der USA. Er fehlt auf etlichen karibischen Inseln wie Kuba, jedoch hat er erfolgreich die Kleinen Antillen besiedelt. Auf den Karibischen Inseln lebt hingegen der Grüne Inselleguan (Iguana delicatissima), der ein naher Verwandter dieser Art ist. Tieflandwälder in der Nähe größerer Gewässer sind der bevorzugte Lebensraum des Grünen Leguanes. Sie bevorzugen das Flachland und überschreiten fast nie die Höhengrenze von 1000 Metern.

Das Wassertaxi ist sehr schnell gefüllt und wir fahren sofort los. Kaum ausgestiegen spüre ich schon wieder die Hitze in Philipsburg. Dieser Ort ist deutlich wärmer als alle besuchten Insel zuvor, das empfinde ich nicht nur so, denn auf der digitalen Anzeige wurde am Morgen schon 34°C im Schatten angezeigt.

Wir bummeln am Museum von Sint Maarten vorbei, in dem über 300 Jahre alte Exponate ausgestellt sind und Fotos aus der Kolonialzeit gezeigt werden, so wie alte Flaschen und eine kleine Sammlung von Steinen werden präsentiert. Das Museum liegt gleich am Bootsausstieg am westlichen Ende der Front Street.

Wir bewegen uns entlang der Promenade und erfreuen uns einerseits an den bunten und zum Teil sehr lustigen Häusern, Restaurants oder Bars, wie z.B. die Blue Bitch und andererseits am schönen gleichmäßig, leicht abfallenden, breiten und weißen Sandstrand mit seinen hübschen Badegästen.

Auf dem Weg an der Strandpromenade sahen wir am Wathey Square auch das aus dem Jahre 1825 stammende historische Gerichtsgebäude, das komplett aus Holz gebaut wurde. Anschließend führte uns dieser Weg weiter an der Strand-promenade Richtung Little Bay.

Mittendrin machten wir einen Abstecher in das Stadtinnere, um die Old Street, mit seiner farbenfrohen und holländisch geprägten Architektur zu besichtigen, aber auch um den Markt-platz von Philipsburg zu besuchen. Sofia und Silvia schauten kurz in die Auslagen der offenen Marktstände, fanden aber nichts Besonderes, das sie unbedingt hätten kaufen müssen. Aus diesem Grund lockte ich die ganze Gruppe in ein kleines gemütliches und sehr sauberes Restaurant / Bar, das auf dem Rückweg vom Markt zur Strandpromenade im Schatten lag. Weil ich schon auf dem Hinweg zum Markt, am Eingang vor den drei großen Schwenktüren mit den ovalen darüber liegenden Fenstern, ein Schild auf der rechten Seite sah, auf dem stand, ein Carib Bier ein Dollar. Das musste ich unbedingt prüfen, weil es mich interessiert ob dies tatsächlich für den Preis möglich ist, oder ob es sich um einen Fake handelt. Bei der Prüfung an der Bar stellte ich fest, dass es hier tatsächlich ein 0,3 Liter Carib Bier für nur einen US-Dollar gibt. Da musste ich einkehren, zumal es unerträglich warm wurde und die kleine Erfrischung gut tat. Silvia und ich genossen jeweils ein frisches kühles Bierchen in der Bar, das uns von der jungen Schwarzen und sehr freundlichen Barfrau kredenzt wurde. Leider durfte Artur an diesem Tag kein Bier trinken, aber er erfreute sich stattdessen an einer eiskalten Kola.

Ein wenig abgekühlt und erfrischt verlief unser Weg weiter an der Strandpromenade entlang, bis wir das Ende des Hauptstrandes erreicht hatten. Dort suchten wir ein ruhiges Plätzchen und machten es uns unter einem schattenspendenden Baum gemütlich. Wir hielten es dort nicht lange aus und rannten zum Wasser, um in die erfrischenden Fluten zu springen. Auch wenn das Wasser hier sehr warm ist, erhält man dennoch eine angenehme Abkühlung und will deshalb nicht mehr hinaus. So verbrachten wir ein paar Stunden am Meer und genossen die Wärme, das Meer, den Sand und die schöne Aussicht.

Letztendlich liefen wir wieder auf der Strandpromenade zurück, um mittendrin, an der dritten Haltestelle des Taxibootes einzusteigen und zu unserem schwimmenden Luxushotel zurückzufahren.

Nach dem Essen fotografierte ich noch vom Deck 12 das Fort Amsterdam und das Fort Willem, die beide auf der linken Seite der Great Bay liegen, eines unten am Meer und das andere auf einem kleinen Berg. Wer ganz gut zu Fuß ist, der kann quasi in Verlängerung zu unserem Strandabschnitt diese zwei alten Festungen erreichen. Im Fort Amsterdam sieht man die Überreste aus der Zeit, als noch Holländer, Spanier, Engländer und Franzosen um das kleine karibische Eiland kämpften. Die Niederländer erbauten das Fort 1631 und nur zwei Jahre später eroberten es die Spanier. Diese bauten die Festung weiter aus und errichteten auch eine kleine Kirche innerhalb der Mauern. Von hier aus erhält man einen herrlichen Blick über die Bucht von Philipsburg oder dem Great Bay. Vom Fort Willem, das ebenfalls von der Zeit der Eroberungen zeugt, kann man sogar über die Nachbarinsel schauen.

Die Hafenausfahrt um 18 Uhr schauten wir uns noch an und verabredeten uns schließlich wieder in unserem Restaurant zum Abendessen. Die Hitze in Sint Maarten schlauchte uns alle ein wenig, Sofias Fuß war auch noch nicht besser und so beschlossen wir nur noch kurz nach dem Abendessen, das wie immer Top war, im Casino vorbei zu schauen, bevor es auf die Kabine geht und das Licht ausgeschaltet wird.

Über Nacht fuhr unsere Aida Luna, bei ganz leichtem Seegang, 94 Seemeilen (174 km) bis zum nächsten Morgen um 7 Uhr. Wir erreichten sehr pünktlich die Insel Tortola in der Hafenstadt Road Town und legten am Cruise Pier North an. Auf dieser Insel waren wir auch schon ein paar Mal und wollten es auch hier nach dem Frühstück ruhig angehen, zumal Sofias Fuß sich verschlechtert hatte.

Geschichtlich gesehen wurde Tortola im 1. Jahrhundert v. Chr. durch die Arawak (Indianer) besiedelt, die sich im 15. Jahrhundert n. Chr. den Kariben unterwarfen. Dies hielt nicht lange an, denn am Ende desselben Jahrhunderts wurden die Europäer auf diese Insel aufmerksam, nachdem sie 1493 von Christoph Kolumbus zusammen mit der gesamten Inselgruppe der heutigen Jungferninseln entdeckt worden war. Die Spanier waren die ersten Europäer die versuchten die Inselgruppe zu besiedeln, jedoch erste dauerhafte Siedlungen entstanden von Piraten wie Blackbeard oder William Kidd. Anfang des 17. Jahrhunderts ließ sich Joost van Dyke auf Tortola nieder. Weil er Kapitän eines Kaperschiffs war, wurde er oftmals fälschlicher Weise als Pirat bezeichnet. Er wurde sesshaft und baute Baumwolle und Tabak auf der Insel an und errichtete 1620 das Fort Recovery auf Tortola. Im Jahre 1621 nahmen die Niederlande die Insel in ihren Besitz und gaben ihr den Namen Tertholen. Um die Insel besser zu schützen, bauten die neuen Kolonialbesitzer noch im selben Jahr das Fort Tertholen, das 1640 bei einem spanischen Angriff zerstört wurde. Die vertriebenen holländischen Siedler kehrten 1648 wieder zurück und gründeten die heutige Stadt Road Town an der Road Bay als ihren Hauptort und Verwaltungssitz. Im Jahre 1672 wurden

Tortola und deren Nachbarinseln von den Engländern erobert. Diese errichteten hier Plantagen, auf denen in den nächsten 150 Jahren, durch afrikanische Sklaven, Zuckerrohr angebaut wurde. Mitte des 19. Jahrhunderts verließen die Briten die Insel, als die Sklaverei abgeschafft wurde. Die weißen Grundbesitzer gaben den Zuckerrohranbau auf, weil er ohne die Sklavenarbeit unwirtschaftlich wurde. Die überwiegende Mehrheit der Briten verließen anschließend die Britischen Jungferninseln. Daraus resultierte anschließend ein wirtschaftlicher Niedergang. Erst im Jahre 1871 erhielten die Inseln den Status einer britischen Kronkolonie, bis ihnen letztendlich 1966 die innere Selbstverwaltung zugestanden wurde.

In der gesamten Entwicklungsgeschichte wurden auf Tortola folgende Forts zur Befestigung der Kolonialsitze gebaut. Von den Niederländern 1620 Fort Recovery und 1621 Fort Tertholen, von den Briten 1776 Fort Burt und im Jahre 1794 Fort George, Fort Charlotte und Fort Shirley.

Die Insel Tortola ist mit rund 56 km² die größte Insel der Britischen Jungferninseln. Sie ist gute 19 Kilometer lang und nur 5 Kilometer breit und auf ihr leben knapp 24 000 Einwohner. An der Südküste wohnen über 9 000 Menschen in der Hauptstadt Road Town. Die Hauptstadt verfügt über einen Handelshafen und ein modernes Kreuzfahrtterminal. Ein Großteil des Waldlandes der Insel ist als Naturschutzgebiet deklariert, der gut mit Wanderwegen angelegt und erschlossen ist. So kann man heutzutage leicht über Wanderwege den höchsten Punkt der Insel erreichen, zumal der Mount Sage mit 523 m nicht sehr hoch ist.

Die Hauptstadt Road Town an der Road Bay wurde im Laufe ihrer Geschichte immer wieder durch Feuer zerstört, deshalb stammt das älteste heute noch stehende Gebäude aus dem Jahr 1840. Sowohl im Tiefseehafen, als auch am Fähranleger von Road Town ankern viele große Katamarane und Yachten, die u.a. Ausflüge für Urlaubsgäste anbieten oder für Ausflüge in die Inselwelt der Virgins Islands gechartert werden können.

Die meisten Geschäfte findet man für Touristen auf der Main Street, dort kann man nicht nur entspannt Shoppen, sondern in den Bars und Gaststätten auch für das leibliche Wohl sorgen. In den zum Teil noch originalen Häuser im Kolonialstil, oder auch etwas modernisiert, macht ein Spaziergang ebenso Freude wie das Einkehren in diese schönen alten Gebäude.

Wirtschaftlich gesehen geht es dieser Insel ähnlich wie anderen Inseln in der Karibik, denn auch Tortola lebt vom Tourismus, dem Handel und dem Handelshafen. Aber vor allem auch, auf Grund der niedrigen Steuern, von der Finanzindustrie, wobei der Finanzplatz Road Town weltweit unter den Top 50 geführt wird.

Die Insel hat viele Sehenswürdigkeiten zu bieten, allein in Road Town gibt es zehn interessante Stellen die sehenswert sind. Beim Spaziergang vom westlichen zum östlichen Ende der Bucht entlang entdeckt man u.a. die Ruinen der Dutch Fort (Holländische Befestigungsanlage) aus dem 17. Jahrhundert, die Anglican Church (Anglikanische Kirche), die hölzerne Methodist Church (Methodistenkirche), das Government House (Regierungssitz), Court House (Gerichtsgebäude) und den bunten Markt.

Der Queen Elisabeth Park ist ein kleiner hübscher Park in der Nähe des Government House.

Der J.R. O' Neal Botanic Gardens liegt im Zentrum von Road Town und beeindruckt durch seine exotische Pflanzenfülle. Ein Rundweg passiert unter anderem einen künstlichen Wasserfall und ein Freiluftgehege für wunderschöne tropische Vögel. Zudem lädt ein Farmhaus, ein Bambushain und ein Orchideen-pavillion zum Spazieren gehen oder Ausruhen ein.

Der Yachthafen (Marina) befindet sich hinter dem Botanischen Garten und lässt die Herzen, der Freunde des Segel- und Motorsports unterschiedlich großer Yachten, höher schlagen. Denn hier gibt es sehr viele und schöne Boote zu bestaunen.

Das Inselmuseum befindet sich in der Nähe des Postamts in der Main Street. Dort kann man sich mit der Geschichte der Insel vertraut machen, indem man sich die interessanten Funde aus der Epoche der Arawak (Indianer), europäische Kolonialmöbel und das reichhaltige Fotomaterial anschaut.

Wer natürlich ein echter Gourmet der Karibischen Küche ist, der kommt hier auf der Insel Tortola im Ort Road Town voll auf seine Kosten. In der gemütlichen Altstadt, die gleich am Hafen liegt, gibt es frischen Fisch und Schalentiere in Hülle und Fülle auf der hiesigen Speisekarte zu finden. Ganz besondere Spezialitäten sind Mussel Pie (Muschelpastete), Conch Stew (Trompetenschneckeneintopf), Shark (Hai), Lobster (Hummer) und Fish Chowder (eine Art Fischsuppe). Eine weitere kulinarische Berühmtheit ist Callaloo, dies ist eine grüne würzige Brühe mit allerlei Zutaten. Die Küche auf dieser Insel enthält alle Elemente von dessen Kulturen die hier auf Tortola leben. Zum Essen werden gerne Mineralwasser, Fruchtsäfte und Bier getrunken, aber vor allem einheimischer Rum oder dessen Mixgetränke (Cocktails) mit ganz frischen Früchten von dieser Insel.

Wie schon gesagt, weil Sofia schlecht zu Fuß ist und Silvia auch wenig Lust auf eine Stadtbesichtigung hat, entschließen wir uns kurzerhand gleich am Hafenterminal nach den ersten Shops, in eines der bunten und teilweise verrückt bemalten offenen Off-Road Trucks zu steigen und eine Inselrundfahrt von Road Town auf die andere Seite der Insel zu unternehmen. Unser Weg führt entlang auf Bergen, an fantastischen Stränden wie Cooper Bay, Trunk Bay, Rogues Bay, Carot Bay, Cooten Bay, Josiah's Bay, Lambert Bay, Little Bay und weiteren schönen Stränden vorbei. Hier genießt man eine überwältigend schöne Aussicht / Fernsicht und unser Fahrer, der aus Tortola stammt, erklärt alles ganz genau und in einem guten Englisch, über seinen Lautsprecher im Truck. Er drängt uns nicht und lässt uns alle Zeit der Welt bei den Fotostopps. Am Gefängnis der Insel fahren wir vorbei und die Wärter, so wie die Insassen winken uns freudig zu. Dann geht es im großen Bogen auf der Insel Tortola zur Insel Beef Island. Dort haben wir über eine Stunde Zeit, um an der Long Bay am feinen weißen Sandstrand im kristallklaren Karibischen Meer schwimmen zu gehen.

Der Strand gefällt unseren Frauen ganz hervorragend, weil es flach ins Meer geht, nur leichte Wellen zum Strand kommen, keine Steine auf dem Meeresgrund liegen und es herrlich klar und warm ist. Zudem ist die Aussicht auf die grünen Berge und das offene Meer fantastisch. Das Meerwasser zeigt sich hier in all seinen schönen Farben, von Hellblau, über Türkise bis zum Dunkelblau und lässt nicht nur die Frauenherzen höher schlagen, sondern lädt alle zum Träumen ein.

Nach dieser wunderbaren und erfrischenden Badezeit am Strand von Long Bay zogen wir uns wieder um. Kurz nochmal auf die Toilette und schon war ganz pünktlich unser Fahrer mit seinem alten weiß-grünen Off-Road Truck da und wir durften zur Rückfahrt einsteigen. Es ging auf direktem Weg von der Insel Beef Island auf die Insel Tortola und dann fuhren wir, diesmal auf der anderen Inselseite, die Straße Blackburn Hwy, an den Stränden der East End Bay und Fat Hogs Bay entlang, wechselten zwischenzeitlich auf die Straße Waterfront Dr, die ebenfalls der Küstenlinie entlang folgt. Auf dem Weg zur Brandywine Bay sahen wir u.a. noch das schöne College Gebäude der Studenten auf Tortola. Wir hatten auf dieser Seite der Insel nicht nur eine fantastische Sicht auf dessen schöne Strände, sondern auch auf die vorgelagerten Inseln Ginger Island, Cooper Island, Salt Island und Peter Island. Auf derselben Straße fuhren wir weiter über die Fish Bay, Baughers Bay und zurück bis Road Town, zu unserem Startpunkt.

Für diese Fahrt, die über mehrere Stunden ging und dem einmaligen Strandaufenthalt bezahlten wir 30 US-Dollar pro Person. Da wir 20 Gäste im Off-Road Truck waren, machte unser Guide genau 600 US-Dollar, das sind bei zwei bis drei Fahrten pro Tag zwischen 1200 und 1800 US-Dollar, das fand ich keine schlechte Einnahme für das Ein-Mann-Unternehmen.

Trotzdem hatte sich unser Guide ein gutes Trinkgeld verdient, weil er uns Zeit ließ, alles bestens in gutem Englisch erklärte und alle Frage gerne und freundlich beantwortete. Das Allerbeste war aber, unsere zwei Frauen waren sehr zufrieden mit diesem Ausflug.

Für uns ging es wieder zurück auf das Kreuzfahrtschiff, kurz unter die Dusche und dann zum leckeren Essen. Wir hatten alle so einen Durst, dass sogar Sofia einen kleinen Schluck Bier trank, was sie sonst nie tat. Es schmeckte wie immer super gut.

Am Abend um 20:15 Uhr nahmen wir beim Entertainment Manager Olli an der Aida Prime Time Show im Theatrium teil und beobachteten ihn wie er in die Rolle des Amor schlüpfte und im Format "Herz an Bord" versuchte Traumpaare auf dieser Reise zusammenzubringen. Seine Aufgabe war es einen Mann an eine der drei Frauen zu bringen und dazu Fragen zu stellen und ohne Sichtkontakt musste der Kandidat anschließend eine Frau auswählen, die er dann das erste Mal sah. Anschließend war eine Dame mit drei Herren an der Reihe. Es war sehr lustig, weil immer drei ganz extreme Charaktere ganz nach ihrer Art antworteten. Zur Belohnung gab es für jeden Teilnehmer einen Cocktail oder eine Flasche Sekt.

Anschließend besuchten wir um 21:15 Uhr die Show "Can you feel it" die das Motto der 70er Jahre trug. Auf Deck 9 bis 11 ließ man es dann so richtig krachen und die bekanntesten Lieder aus dieser Zeit wurden von den jungen Künstlern der Aida mit Gesang und Tanz ganz fetzig präsentiert. Das Publikum sang und tanzte auf ihren Plätzen mit, die Stimmung war spitze. Anschließend war für uns der Abend vorbei und es ging auf unsere Kabinen in die Betten. Viele Gäste nahmen noch an weiteren Programmen teil, wie z.B. der Karibischen Saunanacht, waren im Fotostudio, Shoppten, spielten im Casino, Tanzten oder genossen bei einer guten Unterhaltung ein paar Drinks an der Bar.

Heute Nacht legen wir mit der Aida Luna 291 Seemeilen (539 km) bis zur Dominikanischen Republik zurück, um dort mit unserem Schiff auf Rede, vor dem Ort Samana auf der Halbinsel Samana-Peninsula in der Bucht von Bahia de Samana, zu liegen. Für nicht Seemänner heißt das im Klartext, unser Kreuzfahrtschiff wirft in dieser Bucht seine Anker und wir werden mit den orangenfarbenen Tenderbooten (Rettungsbooten) an Land gebracht. Um 11 Uhr liegen wir auf Rede und um 18 Uhr fahren wir wieder weiter, deshalb ist es wichtig nicht das letzte Tenderboot von Samana um 17:15 Uhr zu verpassen.

Am nächsten Morgen genießen wir wie immer das leckere Frühstück im Markt Restaurant, dabei sitzen wir auf unserem Lieblingsplatz vor den großen Panoramascheiben am Heck des Kreuzfahrtschiffes. Sofia geht es heute besonders schlecht mit ihrem Fuß und Artur bringt ihr deshalb das Frühstück an den Tisch, so kann sie ihren Fuß im Restaurant etwas schonen. Der Rest der Gruppe ist fit und erfreut sich bester Gesundheit, soweit man das in unserem Alter sagen kann. Denn grundsätzlich hat jeder so seine Zipperlein mit denen er zu kämpfen hat.

Auf einmal hören wir lautes Geschrei im Frühstücksrestaurant und die Worte Wale fallen immer wieder. Alle laufen eilig zu den Panoramascheiben um das Spektakel zu sehen. Tatsächlich sehen auch wir die Wale, die riesige Fontänen aus dem Wasser blasen. Es scheint wohl eine Gruppe oder Familie zu sein, denn kontinuierlich kommen kurz hintereinander unterschiedlich große Fontänen. Es ist sehr beeindruckend solche gewaltigen Tiere zu sehen und fasziniert nicht nur uns, denn nun ist das Frühstück zur Nebensache geworden. Diese fantastischen Bilder sehen wir sogar mehrfach während unserem Aufenthalt im Frühstücksraum.

Nach einer Stunde ist alles vorbei und wir sichten keine Wale mehr. Nun haben wir noch gute 2 Stunden bis zur Rede und wir freuen uns schon auf den Landgang. Leider regnet es heute

Morgen immer wieder ein wenig und der Himmel hängt voll mit dunklen Regenwolken. Wir hoffen an Land davon verschont zu werden und nicht in einen tropischen Regenschauer zu geraten.

Als unser Kreuzfahrtschiff die Anker hinab lässt wird das Wetter etwas durchwachsener und die Sonne scheint nur ab und zu durch den verdeckten Himmel. Sofia hat beschlossen an unserem Landgang nicht teilzunehmen, um ihren Fuß zu schonen. So starten wir zu dritt, mit nur etwas Geld in der Tasche und den Fotoapparaten.

Über Nacht hatten wir schon ein wenig Wellengang und dies bleibt auch so tagsüber in dieser Bucht, deshalb ist es nicht ganz so einfach für etwas gehandicapte Menschen in das Tenderboot zu gelangen, weil es fast einen Meter hoch und runter geht. Die Crew hat das Problem sofort erkannt und die Aida Luna, die relativ ruhig im Wasser liegt, wird quer zu den Wellen gesteuert, so dass die Tenderboote im Schutz des großen Schiffes liegen und die Gäste mit deutlich weniger Boots-bewegung in das orangenfarbene Tenderboot steigen können. Dieser Vorgang dauerte etwas über 10 Minuten und nun können die Landgänger halbwegs sicher in die Tenderboote steigen. Auch Silvia, Artur und ich sind dabei und steigen in das volle Tenderboot ein. Dann heißt es Leinen los und wir fahren mit ordentlichem Wellengang ungefähr 20 Minuten bis zur Anlegestelle der Halbinsel Samana-Peninsula in das Städtchen Samana.

Dort angekommen, werden wir gleich von einem leichten Regenschauer begrüßt, da wir aber trotzdem über 24°C haben ist dies kein Grund zum Frieren. Das Tenderboot ist schnell entladen und holt sofort neue Gäste von der Aida Luna ab. Wir hingegen sind nicht alleine, den ganze Scharen von Taxifahrern, Guides und viele Agenturen mit Bootstouren zur Walbesichtigung oder zu anderen kleinen Inseln, versuchen ihr Glück bei den Gästen der Aida. Da wir nur zu Fuß den Ort anschauen wollen, ist es nicht ganz leicht die vielen Anbieter abzuhalten, denn immer wieder versuchen diese geschickt die Gäste in ein Gespräch zu bringen, um ihre Angebote zu verkaufen. Letztendlich geht das so die nächsten 10 Minuten immer so weiter, aber da müssen wir durch, bis zum Schild Samana und der kleinen Bar an der Fußgängerpromenade. Dort haben wir unsere Ruhe und können uns ein wenig umschauen. Der schwarzen Besitzerin des Kiosks / Bar ist es auch langweilig, weil bei dem Wetter keiner etwas kauft oder es sich gar auf den Stühlen bequem macht um etwas zu trinken. Deshalb spielt sie lieber mit ihrem Handy, um sich die Zeit zu vertreiben.

Heute fährt keiner zur Bacardi-Insel Cayo Levantado, an dessen weißen Traumstränden in den 70er Jahren jener legendäre Werbespot gedreht worden sein soll, der in aller Welt das Bacardi-Feeling und ein entspanntes Bild von der Karibik geprägt hat. Diesen und viele weitere Ausflüge kann man auch direkt bei der Aida Luna buchen, entweder vor der Reise oder direkt auf dem Schiff bei der Reiseagentur.

Mehr Glück hat da vermutlich das Ausflugsziel Cayo Levantado, weil der Hauptstrand auf diesem Karibik-Idyll nicht nur weiße und wunderschöne Strände bietet, sondern auch Bars, Kioske und ein Freiluftrestaurant, in denen jede Menge los ist.

Wir laufen weiter auf der Fußgängerpromenade parallel zur Avenida de la Maria entlang, die eine mehrspurige Uferstraße und die Hauptverkehrsader ist. Bei gutem Wetter wird sie zur Flaniermeile, aber wohl nicht heute bei unserem stark durchwachsenem Tag. Hier soll sich das öffentliche Leben abspielen und der karibische Boulevard wird nur Malecón genannt.

Auf dem Weg zum Walfisch, dessen Statue auf einem Sockel im grün angelegten Kreisverkehr aufgestellt ist, sehen wir eine sehr schöne weiße Kirche mit zwei abgesetzten viereckigen Türmen neben dem Haupteingang, ein paar wunderschöne Holzhäuser im Karibischen Stil die sehr bunt und farbenfroh angestrichen sind, so wie das im karibischen Flair erbaute Einkaufs- und Vergnügungszentrum Pueblito Caribeno.

Nach dem Kreisverkehr biegen wir links ab und folgen der Av. La Marina, die parallel zur Küstenlinie verläuft. Mitten auf der Geraden steht eine kleine Bar namens La Casita del, so wie sie mir gefällt. Aus diesem Grund laufe ich nicht vorbei und stoppe dort, um zu fragen was denn eine Kokosnuss zum Trinken dort kostet. Der junge und äußerst freundliche Barkeeper nennt mir den Preis von 1 US-Dollar. Letztendlich teilte ich ihm mit, dass wir auf unserem Rückweg bei ihm einkehren und ein paar Kokosnüsse kaufen werden.

Kurz vor dem nächsten Kreisverkehr liegt auf der rechten Seite gleich an der Straße das Walmuseum Museo de las Ballenas, das heute leider geschlossen hat, denn sonst könnten wir dort alles über die Wale in dieser Gegend erfahren. Im Museum wird u.a. ein ganzes Skelett eines ausgewachsenen Buckel- wales gezeigt. Die Wale kommen jedes Jahr in die Bucht von Samana, um sich hier zu paaren und ihre Kälber zur Welt zu bringen, um sie geschützt vor Fressfeinden, so wie im warmen Wasser die ersten Wochen zu säugen. Bis diese letztendlich groß und stark genug sind um die lange und gefährliche Wanderung Richtung Polarmeer anzutreten, um die Fisch- reichen Gewässer dort zu erreichen. Diese Wanderung der Buckelwale erfolgt im Familienverband oder einer Gruppe jedes Jahr aufs Neue.

Im nächsten Kreisverkehr biegen wir wieder links ab und laufen der Küste entlang bis zum Anfang der Samana Brücke gelangen. Dort besuchen wir kurz den schönen kleinen Strand und betrachten das schöne Hotel, das u.a. über einen Aufzug in einem weißen Turm mit roten Ziegeldach erreicht werden kann. Dort plaudern wir kurz mit Urlaubern die schon über 20 Jahre hier ihren Urlaub verbringen und immer noch ganz begeistert sind.

Danach laufen wir über die stählerne Brücke Brug Samana van Leona entlang, die ganz gerade und sehr lange Brücke endet auf der bewaldeten Insel Puente Peatonal, die mit einer wunderschönen Aussicht von einem Aussichtspunkt nach Samana belohnt. Unterbrochen wird die lange Brücke nur in der Mitte von einer kleinen Insel. Auf der Insel, an dessen Ende der Brücke sich ein kleiner Anlegesteg und auf der anderen Seite ein schmaler Sandstrand mit einer Bar befindet. Wer die Augen offen hält kann hier einige Tiere, wie Echsen und Vögel, entdecken. Silvia und Artur ruhen sich ein wenig aus, solange ich die Insel erkunde und mit schönen Fotos zurückkomme.

Nach einer kleinen Pause laufen wir wieder zurück und entdecken unterwegs einen jungen Mann, der für ein paar US-Dollar von der hohen Brücke in das niedrige Wasser springt und Seesterne vom Meeresgrund aufsammelt. Zufällig gibt es solch einen Spender und wir sehen den mutigen Mann von der Brücke springen. Kurz darauf schauen wir einem Fotografen zu, der gerade ein schönes Brautpaar mit dem Hintergrund der langen Brücke ablichtet.

Silvia ist schon schwer am Jammern, dass ihr der Weg doch zu weit sei. Als wir die kleine Bar mit den Kokosnüssen erreicht hatten, gönnten wir uns ein paar davon. Der Barmann öffnet diese oben sehr geschickt mit einer Machete, haut unten noch eine Kerbe in die Schale und steckt einen Trinkhalm in die obere Öffnung. Die Erfrischung schmeckt sehr gut, auch wenn die Kokosnüsse nicht gekühlt sind. Nachdem alles ausgetrunken wurde brach der Barmann die kleine Kerbe ab und gab sie mir in die Hand. Was ich damit soll fragte ich mich! Aber das Ergebnis erfuhr ich sofort, denn nachdem der Barmann die Kokosnuss in zwei Hälften teilte, zeigte er mir wie ich mit dem kleinen Stück Schale aus der Kerbe das weiche Fruchtfleisch der Nuss entnehmen kann, das übrigens auch sehr lecker schmeckt. Ein wenig unterhielt ich mich noch mit dem freundlichen jungen Mann an der Bar und zufällig kam ein Motorradtaxi vorbei und witterte das Geschäft seines

Lebens, vermutlich weil er meine erschöpfte Frau Silvia sah. Der Taxifahrer wollte 5 US-Dollar von jedem haben, um uns bis zum Anlegeplatz der Tenderboote zu fahren. Da rechnete er aber nicht mit mir, denn ich verhandelte den Preis auf 1 US-Dollar pro Person runter und so stiegen wir ein und genossen die Fahrt. Silvia schoss noch kurz ein Foto von Artur und mir.

An der Anlegestelle angekommen, erreichten wir gerade noch das nächste auslaufende Tenderboot und mussten keine Minute zu viel warten. Nach der Überfahrt aßen wir noch gemütlich in der Almhütte, weil die deutlich länger als das Markt Restaurant geöffnet hat. Artur nahm einen Schweinshaxen mit Klößen und Kraut, Silvia ein paniertes Schnitzel mit Pommes und Salat und ich gönnte mit eine halbe gebratene Ente mit Klößen und Rotkraut. Als Beilage nahmen Artur und ich jeweils noch einen gemischten Salat mit frischem Joghurtdressing. Zum Nachtisch bestellte Silvia sich Kaiserschmarrn mit Vanillesoße und Früchten, Artur und ich entschieden uns für den Gletscherbecher. Das ist ein Vanilleeis auf heiße Kirschen mit Schlagsahne. Alles schmeckte hervorragend und entschädigte Silvia für die lange und für sie anstrengende Wanderung am Morgen.

Wissenswertes zum Ort Samana, in dem heute über 40 000 Menschen leben und der im Januar 1493 von Christoph Kolumbus als erster Europäer in Augenschein genommen wurde. Bis ins 18. Jahrhundert blieb diese Gegend nahezu menschenleer. 1756 gründete der spanische Gouverneur Francisco Rubio Penaranda Santa Barbara de Samana. Damit fing die Stadt an zu wachsen und am 28 Februar 1844 erkämpfte sich die Dominikanische Republik ihre Unabhängigkeit. Im Jahr 1946 wurde diese Ortschaft fast komplett durch ein Feuer zerstört, damit verschwanden auch nahezu alle historischen Gebäude, nur die hölzerne Kirche La Churcha an der Calle Duarte entging dem Großbrand. Die Bewohner von Samana waren fleißig und bauten ihre Stadt danach wieder auf. Der Tourismus kam erst in den 90er Jahren auf die Halbinsel Samana-Peninsula, die zuvor als Paradies für Aussteiger, wie z.B. für Hippies, aus der ganzen Welt genutzt wurde.

Typische Gerichte für diese Gegend sind Locrio de Cerdo (Reis mit Schweinefleisch) oder Arroz con Pollo (Reis mit Hühnchen). Zum Nachtisch lieben es die Insulaner immer süß, entweder gibt es Cremespeisen mit tropischen Früchten oder eine Pina Colada, natürlich mit Rum aus der Heimat.

Heute Abend um 20:30 Uhr findet wieder das große Showprogramm an Bord statt, diesmal wird gefragt: "Wer wird Millionär?". Auch hier können wir die Show im Bordfernsehen anschauen oder Life im Theater auf Deck 9 bis 11 erleben. Es ist sogar möglich am Spiel über das Handy als Publikum-Joker teilzunehmen.

Ab 22 Uhr ist dann der Discofox Abend mit den Offizieren auf dem Pooldeck 11 mit der Liveband For Tune angesagt. Hier kann jeder sein Tanzbein schwingen und das sogar mit den Offizieren der Aida Luna.

Für uns endet der Abend nach der Show und wir gehen ganz zufrieden nach diesem Tag ins Bett und erholen uns erst einmal von der Wanderung, wie Silvia so schön sagt. Heute wird die Zeit an Bord umgestellt und wir müssen über Nacht die Uhr von 3 Uhr auf 2 Uhr stellen, so wird die Nacht um eine Stunde kürzer. Jetzt haben wir zur Deutschen Uhrzeit 6 Stunden Differenz. Dies ist vor allem beim Telefonieren zu beachten.

Nun liegen 567 Seemeilen (1050 km) vor uns, bis wir das nächste Ziel Jamaika in der Montego Bay erreichen. Wir werden dort an dem Liegeplatz Berth 5/6 im Cruise Terminal anlegen und von 8 Uhr bis 21 Uhr bleiben. Auf Jamaika wird es sehr warm, denn es erwarten uns dort sonnige 30°C. Aber zuvor haben wir noch einen gemütlichen Seetag, auf den wir uns alle freuen, ganz besonders Sofia, weil sie da ihren Fuß nochmals gut schonen kann.

Nach der kurzen Nacht stehen wir zur gewohnten Zeit auf und holen Sofia und Artur zum gemeinsamen Frühstück von ihrer Kabine ab. Wir genießen in vollen Zügen das Angebot im

Markt Restaurant, zumal noch nicht so viel los ist. Vermutlich hat das mit der Zeitumstellung bei vielen nicht funktioniert, oder die Gäste der Aida Luna wollen sich nur ausschlafen, weil sie wissen heute ist Seetag.

Heute ist Sofias Geburtstag, deshalb kaufen Silvia und ich nach dem Frühstück im Bordshop schnell und unauffällig die Halskette, die Sofia so gut gefiel, um Artur bei seiner Überraschung behilflich zu sein. Danach schnappen wir unsere Badesachen und legen uns zum Sonnen auf das Sonnendeck. Dort verweilen wir nur kurz, denn es ist zu warm in der Sonne und verlegen unseren Liegeplatz in den Vollschatten, nur Artur hält eisern durch und tankt die karibische Sonne in vollen Zügen.

Was uns allen auf der Aida auch sehr gut gefällt, ist der einfache Badetuchservice, denn sofort wenn man auf das Sonnendeck gelangt kann man sich frische Badehandtücher formlos abgreifen, oder gebrauchte in die große Sammelbox werfen.

Weil es mir ein wenig langweilig auf der Sonnenliege wird, drehe ich eine Runde auf dem Schiff und fotografiere die Balkonkabinen mit Bad, den Bug mit dem kleinen runden Pool, das Heck mit dem Sonnensegel und den Tischen vom Restaurant, seitlich einen Blick über die Reling des Schiffes, das fest installierte Fernglas, das für jedermann kostenfrei seitlich am Heck zur Verfügung steht, so wie das Hauptsonnendeck mit seinen Pools und den sonnenhungrigen Gästen des Kreuzfahrtschiffes.

Übrigens gefallen uns die Balkonkabinen sehr gut, denn sie sind modern und komfortabel eingerichtet, die Betten sind sehr bequem, die Klimaanlage arbeitet einwandfrei ohne einen Zug zu spüren, das Fernsehprogramm ist mit seinen Kanälen für die deutschen Gäste perfekt eingestellt, es gibt genug Platz im Schrank und dazu viele Staufächer in der Kabine, der Schreibtisch ist nützlich sowie auch der Sessel am Tisch, das Bad ist sehr schick eigerichtet, die gläserne Duschkabine ist groß und

dicht, das Warmwasser kommt sofort am Waschbecken und der Dusche, auch bleibt alles Elektrische in der Kabine an, sogar wenn man diese verlässt, so kann z.B. das Handys jederzeit geladen werden.

Der Balkon an der Kabine ist natürlich das besondere High-Light, denn hier wird man schon am Morgen von der Sonne geweckt, kann den Sonnenuntergang betrachten, wenn man auf der richtigen Seite des Schiffes liegt. Jederzeit kann man persönlich die Wetterlage prüfen, um zu entscheiden was angezogen wird, oder sich nur ganz gemütlich und in aller Ruhe sonnen.

Was auch sehr gut funktioniert ist der Informationsdienst der Aida Luna im Fernseher der Kabine, denn hier kann man sein seinen Kontostand abfragen, das Tagesprogramm entnehmen, Öffnungszeiten der Restaurants sehen, besondere High-Light des Tages erfahren, mit der Bordkamera nach vorne oder hinten schauen, Ausflugsprogramme einsehen und vieles mehr. Leider ist das WLAN nicht besonders stabil und ein wenig langsam, wie zuvor schon berichtet, aber daran arbeitet man auf der Aida Luna.

Nach meiner Fotorunde treffe ich wieder auf die Sonnen-anbeter vom Sonnendeck, oder soll ich vielleicht besser Schattenschnarcher sagen! Leider habe ich die Übergabe der schönen und modernen Halskette von Artur an seine Frau Sofia verpasst, aber Silvia sagte mir später, dass es eine sehr gelungene Überraschung war und Sofia sich sehr darüber freute. Silvia schoss sogar ein paar Fotos zur Erinnerung an diese liebe Geste von Artur an seine Frau Sofia. Nach dem erholsamen Teil geht es wieder schlemmen, diesmal in das Restaurant Weite Welt, danach wieder relaxen auf dem Sonnendeck bis die Sonne schwächelt und wir uns wieder zum Essen begehen. Das ist ein Tag ganz nach dem Geschmack meiner Frau Silvia. Artur unterhält noch unsere kleine Gruppe mit dem Spiel "Wer wird Millionär", das er auf seinem Handy geladen hat, wir schaffen es ein paar Mal bis zur 500 000 € Frage, aber erreichen nur einmal die eine Million. Das war eine gute Idee von Artur, denn so strengen wir unsere grauen Gehirnzellen ein wenig an und wir haben was zu lachen, einmal half sogar zufällig der Kapitän zur Lösung einer Frage.

Nach dem leckeren Abendessen kommen die Frauen auf die Idee shoppen zu gehen, zumal es heute 50% auf alles in den Bordshops gibt, lohnt es sich sogar. Silvia kauft für sich ihr Lieblingsparfüm, das normalerweise 140 € kostet und für unsere Söhne und mich nochmals recht teure Parfüms, aber wie gesagt zum halben Preis. Auch Sofia wird fündig und kauft sich ihr Parfüm, das sie normalerweise auch aufträgt zum reduzierten Preis. Nach Kleidung haben wir lange geschaut, aber es war nichts dabei was uns besonders gefiel und nur etwas zu kaufen weil es 50% Rabatt gibt kam uns nicht in den Sinn.

Später besuchen wir noch das Casino, denn Silvia und Artur wollten schon seit ein paar Tagen dort spielen gehen, aber Sofia und ich konnten sie bisher immer davon abhalten. Weil es aber am Vortag versprochen wurde, konnten wir es heute nicht untersagen oder nochmals verschieben. Artur arbeitete sich in das elektronische Roulette ein und spielte anschließend recht erfolgreich und Silvia versuchte ihr Glück vergebens an den Schiebeapparaten mit den Münzen. selber spielte ich am elektronischen Roulette, hatte aber schnell meinen Einsatz verloren. Wie immer war ich in Glücksspielen noch nie erfolgreich, deshalb lasse ich normalerweise die Finger davon. Silvia überzeugte ich von diesem Spiel und sie schaffte es tatsächlich mehr rauszuholen als sie investiert hatte. Sie hat mit Spielen die sie nicht kennt immer so ein Anfängerglück. Sofia und ich stoppten im richtigen Moment unsere zwei Spieler, so dass wir die Gewinne in Bar am Schalter des Casinos ausbezahlt bekamen. Unsere zwei Experten in Glücksspielen waren nicht so ganz zufrieden mit dem raschen Abbruch, beugten sich aber und diskutierten noch eine Weile über die großen Chancen die sie an diesem Abend versäumt hatten.

Nach diesem aufregenden Teil an jenem Abend tranken wir noch ein Glas Rotwein zur Beruhigung der Nerven, am Heck des Schiffes im Freien. Genau an der Stelle an der ich Stunden zuvor den schönen Sonnenuntergang fotografiert hatte. Da unsere zwei Kellner so super drauf waren und unbedingt ein Foto mit uns machen wollten, ließen wir dies gerne geschehen.

Vielleicht ist es für den einen oder anderen noch interessant zu wissen, wie die Zahl an der Kabinentür auf dem Kreuzfahrtschiff entsteht. Die erste Zahl bezeichnet das Deck, auf der sich die Kabine befindet, die zweite Zahl sagt etwas darüber aus, auf welcher Schiffsseite die Kabine ist. Gerade Zahlen sind auf der Backbordseite (links) und ungerade Zahlen befinden sich auf der Steuerbordseite (rechts) in Fahrtrichtung des Schiffes. Die letzten beiden Zahlen beschreiben die persönliche Kabinennummer der gebuchten Kabine.

Da wir auf dem Schiff sind und die Gewässer der Karibik, so wie Mittelamerika durchkreuzen, macht man sich schon so seine Gedanken über die Seefahrt und dessen Handelsrouten. Denn bereits vor rund 6 000 Jahren vor Christus ist das Meer als Handelsweg von Bedeutung. Der Transport von Waren über alle Weltmeere wurde jedoch erst durch die Entdeckungen berühmter Seefahrer wie Christoph Kolumbus, Vasco da Gama und Ferdinand Magellan im 15. und 16. Jahrhundert möglich. Denn sie fanden neue Seewege von Europa in die ganze Welt und bereiteten den Weg für einen internationalen Handel. Wurden in jener Zeit vorwiegend Seide, Gewürze und andere Genusswaren verschifft, so sind es heute sämtliche Gebrauchsgüter die man auf den riesigen Containerschiffen über das Meer transportiert. Die größten unter ihnen können über 240 000 Tonnen laden und bei einer Länge von über 400 Meter bis zu 19 100 Container aufnehmen. Etwa zwei Drittel des gesamten weltweiten Frachtaufkommens wird heute auf dem Seeweg verschickt. Rotterdam, Antwerpen und Hamburg sind dabei die häufigsten Anlaufziele in Europa, denn sie sind die Häfen mit dem höchsten Containerumschlag.

Nach dem kleinen Absacker geht es für uns wieder in die Kabine und gleich ins Bett, denn morgen wartet auf uns die berühmte Montego Bay in Jamaika.

Am 4. Mai 1994 landete Kolumbus, auf seiner zweiten Reise in die Neue Welt, in der Discovery-Bucht an der Nordküste von Jamaika, wo ihn die Arawak-Indianer einen nicht sonderlich freundlichen Empfang bereiteten. Der Name der Insel Jamaika ist eine Ableitung des Arawak-Wortes "Xaymaca", dies bedeutet im übertragenen Sinne so viel wie "Land des Wassers und des Waldes". Am 6. August 1962 wurde Jamaika zum unabhängigen Staat innerhalb des Commonwealth ernannt. Jamaika ist bekannt für sein Nationalgericht, es heißt Saltfish and Ackee. Hierbei wird gesalzener Kabeljau aus Kanada zusammen mit Paprikaschoten und Zwiebeln, sowie dem gelben Fleisch der Hülsenfrucht eines jamaikanischen Baumes zubereitet. Wie fast alle großen Karibischen Inseln, ist Jamaika ganz besonders berühmt für seinen Rum, die Einwohner bevorzugen den weißen und unbehandelten Rum, während in Europa eher der dunkle Rum, wie z.B. Appleton, getrunken wird.

Jamaika liegt innerhalb der Gruppe der Großen Antillen, südlich von Kuba und westlich der Insel Hispaniola, die sich Haiti und die Dominikanische Republik teilen. Jamaika ist die drittgrößte Insel der Karibik mit den Grafschaften von Cornwall im Westen, Middlesex in der Mitte und Surrey im Osten. Die Gesamtfläche der Insel beträgt 11 424 km². Das längste Ausmaß von Jamaika beträgt rund 235 km von Ost nach West und die breiteste Stelle ungefähr 82 km von Nord nach Süd. Auf dieser großen Insel leben rund drei Millionen Menschen, davon ungefähr 100 000 in der Stadt Montego Bay. Das Zentrum des künstlerischen und politischen Lebens findet in der Hauptstadt Kingston statt. Jamaika ist sehr gebirgig und der höchste Berg der Insel ist der Mount Peak mit einer Höhe von 2 256 Meter über dem Meeresspiegel.

Sehenswertes gibt es u.a. auf den Sam Sharpe Square, denn dieser ist von historischer Bedeutung, weil er nach dem Baptisten-Minister benannt wurde, der 1831 die letzte Sklaven-Revolution initiiert hatte.

The Cage (Käfig) befindet sich auf dem Sam Shape Square. Dieses kleine rote Backsteingebäude sieht eigentlich eher wie eine kleine Kapelle aus. In diesem Gebäude wurden früher ent-flohene und wieder eingefangene Sklaven eingesperrt. Heute wird es als ein kleines Museum genutzt.

An der Kirche der St. James Gemeinde gibt es sehenswerte Monumente und Gärten zu betrachten.

The Slave Ring (Sklaven-Ring) war ein Amphitheater, das früher als Sklavenmarkt verwendet und als Hahnenkampfplatz für die einfache Bevölkerung sehr gerne genutzt wurde. Dies war einer der wenigen Freizeitvergnügen, die sich die einfache Bevölkerung leisten konnte, zumal dort durch Wetten auch noch Geld verdient wurde, erfreuten sich viele daran.

Wer sich für Kanonen und altes Gemäuer interessiert, der sollte sich das Fort Montego anschauen, denn dort sind vor den Toren der Stadt noch drei Kanonen aus dem 18. Jahrhundert zu sehen.

Einer der bekanntesten und auch schönsten Strände ist der Doctor's Cave, der aber sehr überlaufen ist, weil sich dort heute alle Kreuzfahrer wieder treffen.

Dann gibt es noch den Half Moon Club, dies ist eine luxuriöse Hotelanlage mit einem eigenen wunderschönen Privatstrand.

Bevor wir von Bord gingen schossen wir auf Deck 12 noch ein paar Fotos von der wunderschönen Umgebung. Dort waren sehr schöne und große Häuser mit gepflegten Vorgärten, die teilweise mit Bootssteg oder gar einem schönen Sandstrand ausgestattet waren, zu sehen. Ebenso wie eine Menge hübscher Segelboot- oder Motorbootyachten die vor den Villen verankert wurden und in den vielen kleinen natürlichen Buchten ihren Platz fanden.

Wir freuen uns sehr auf die Stadt Montego Bay, zumal es so ein weltweiter und gutklingender Name ist, als wir nach dem Frühstück zur Stadtbesichtigung zu Fuß aufbrechen. Zuvor haben wir uns am Kreuzfahrtterminal noch einen doppelseitigen Plan geholt, der die Stadt Montego Bay vom Hafen bis zum Flughafen zeigt und auf der Rückseite die ganze Insel dargestellt wird. Mit dieser Orientierungshilfe laufen wir los und ich mit dem Stadtplan voraus, um die Stadtführung nach Plan zu leiten. Da wir an diesem Tag aktuell über 30°C bei wolkenfreiem Himmel haben fängt das Jammern schnell an und die Zweifel steigen mit jedem Meter den wir zu Fuß zurücklegen, ob dies der richtige Weg ist, oder ob es nicht vielleicht viel zu weit zur Stadt zu laufen ist. Für Menschen die noch gut zu Fuß sind ist das kein Problem, aber Sofia und Silvia sind aus genannten Gründen keine guten Läufer mehr und so fällt es mir schwer die zwei Frauen zu motivieren, um bis zur City zu laufen.

Nach über einer Stunde erreichen wir letztendlich die City ohne uns nur einen Meter zu verlaufen. Wir schauen uns einen Brunnen an, die teilweise schönen Häuser, das Museum, den kleinen Käfig der für das Einsperren der Sklaven verwendet wurde, die Hauptstraße und ein paar Nebenstraßen.

Wir sahen dort sehr arme Menschen, oftmals in ganz zerfetzter und dreckiger Kleidung. Manche waren so besoffen oder vollgekifft, dass sie nicht mehr gerade laufen konnten, torkelten und sogar auf die dreckige Straße fielen. Wir sahen Menschen die in den großen und breiten Abwasserkanälen im seichten Wasser und dessen Dreckschicht nach Essbarem suchten, es war sehr traurig so etwas sehen zu müssen, denn welcher Mensch hat es verdient sich im Dreck der anderen sein Essen zu suchen.

Diese Armut ist wirklich erschreckend und die schlimmen Einzelschicksale, sei es aus Drogen- oder Alkohol-sucht, Krankheit oder nur Pech im Leben, sind sehr schwer zu ertragen. Da schämen wir uns fast ein wenig, dass es uns so gut geht und wir alles in Hülle und Fülle auf dem Kreuzfahrtschiff genießen können, aber was sollen wir tun, wir können nicht all diese armen Seelen retten. Weil aber alles voll gedrängt mit schwarzen Menschen war und diese uns oft zornig und böse anschauten, sogar das Pöbeln, Meckern und lautstarkes Beschimpfen anfingen, vermutlich weil wir Fotos machten und uns alles anschauten, fühlten sich unsere Frauen nicht nur sehr unwohl, sondern bekamen es richtig mit der Angst zu tun. In Afrika, auf meiner Rundreise im Kongo, Uganda, Tansania, Kenia und Sansibar, habe ich oft solche großen Ansammlungen von schwarzen Menschen erlebt und deshalb machte es mir persönlich nichts aus. Aber als ich in die sehr ängstlichen Gesichter unserer Frauen schaute, war klar, dass wir hier nicht länger bleiben können. Deshalb führte ich unsere kleine Gruppe auf den Vorplatz eines gutaussehenden Shopping-Centers, auf dessen Gehweg nicht mehr viel los war und wir uns im Schatten ein wenig erholen konnten. Dort tranken wir auch etwas aus unseren mitgebrachten Wasserflaschen.

Als sich unsere Frauen ein wenig erholten, ihre Angst nochmals bekundeten und deshalb unbedingt sofort wieder zum Kreuzfahrtschiff zurück wollten, sprach uns ein schlanker gepflegter schwarzer Mann an und verwickelte uns in ein Gespräch. Nach einer Weile stellte sich heraus, dass er ein Taxi besaß und uns zum Schiff zurückfahren könnte. Wir einigten uns mit dem Taxifahrer namens Elvis Scott, der auch als Tour Guide sein Geld auf der Insel verdient, dass er uns für 10 US-Dollar zum Schiff zurückfährt. Er holte zu Fuß sein Auto, das um die Ecke stand und wir stiegen in den sehr gepflegten Wagen ein, um zum Kreuzfahrtterminal zu fahren.

Da alles mit Elvis sehr gut klappte, vereinbarten wir einen Zeitpunkt, an dem er uns nach dem Mittagessen abholt und zum Strand fährt, so wie am Abend wieder zurück zum Schiff.

Wir wollten zum Doctor's Cave Strand fahren. Elvis riet uns dringend davon ab, weil der Strand heute durch die Gäste der Aida Luna total überfüllt ist und bot uns stattdessen den Strand Tropical Beach daneben an. Er überzeugte uns mit den Argumenten, dass der Stand mindestens so schön ist wie Doctor's Cave, aber dafür nicht so voll und es wird sehr gute Musik gemacht, so wie für beste Stimmung am Strand gesorgt. Der Eintritt zum Strand kostet 6 US-Dollar pro Person und ist an beiden Stränden gleich. Wir stimmten Elvis zu und einigten uns auf den Fahrpreis von 15 US-Dollar pro Richtung für die Fahrt, machten zudem einen Termin zur Abholung um 13 Uhr am vereinbarten Treffpunkt aus.

Man sah die Erleichterung in den Augen unserer Frauen und spürte wie die Stimmungslage sich deutlich besserte, denn nun hatten wir den ganzen Nachmittag schon sicher und gut organisiert und sie freuten sich auf den schönen Sandstrand in der Montego Bay am Tropical Beach.

Silvia, Artur und ich mussten nach dem Ausflug am Morgen erst einmal ein leckeres Bier auf dem Schiff trinken. Danach ließen wir uns wie immer das gute Mittagessen munden. Kurz vor dem vereinbarten Termin packten wir unsere Badesachen und starteten zum Treffpunkt. Elvis wartete schon auf uns, er war wohl etwas zu früh, was uns sehr freute, denn so mussten wir nicht in der heißen Mittagssonne von Jamaika stehen und warten.

Wir stiegen ein und fuhren los. Da ich vorne saß und es etwas still im Auto wurde plauderte ich ein wenig mit Elvis, fragte ihn dies und das. Wir sprachen auch über die hübschen Frauen und stellten fest, dass Elvis genau den gleichen Geschmack hatte wie ich. Da ich mich super mit ihm verstand erzählte ich auch ein wenig Blödsinn und lustige Sachen, Elvis lachte so hefig und schlug dabei mit den Händen aufs Lenkrad, und die Frauen im Heck des Autos meinten, ich soll doch aufhören so einen Quatsch zu erzählen. Aber das spornte mich noch mehr an und Artur musste auch lachen. Letztendlich war so eine gute

Stimmung im Auto, das wir die weltbekannten Lieder von Jamaika zusammen sangen. Mit diesem tollen Fahrer hätte ich noch ein paar Stunden so weiter fahren können, aber dann standen wir schon vor dem Strand. Elvis zeigte uns noch den Eingang und verabschiedete sich bis zum ver-einbarten Termin um 17 Uhr zur Abholung. Letztendlich übergab ich ihm die 15 US-Dollar und verabschiedete mich ebenfalls.

Am Eingang bezahlte jeder seine 6 US-Dollar Eintritt und bekam dafür ein blau-weißes wasserdichtes Band mit der Aufschrift "Tropical Bliss" (Tropische Glückseligkeit) um das Handgelenk gebunden. Am Strand gab es eine große runde und gut bestückte Bar mit einem klassischen Strohdach, ein buntes großes Haus mit Toiletten, Duschen und Umkleideräumen, einen Souvenirladen, eine kleine Hütte für den DJ und seine Musikanlage und Strandequipment wie Liegestühle, Sonnen-schirme und ein paar Luxusliegeflächen mit Sonnenschutz und privater Atmosphäre, sowie am Wasser einen hohen über-dachten Ausguck für den Bademeister. Etwas abseits fand man auch ein paar private kleine Auslagen mit wunderschönen großen Muscheln und wenigen typischen Kleinigkeiten, die so am Strand verkauft werden.

Nachdem wir an dem fast leeren Strand unseren Platz gefunden hatten, entdeckten wir die jungen Offiziersfrauen von unserem Kreuzfahrtschiff, die im Bikini dort saßen und den Strand ebenfalls für sich entdeckt hatten. Wir plauderten ein wenig mit ihnen und genossen danach das warme Wasser mit seinen tollen Farben vor Jamaikas weißen Sandstränden.

Hin und wieder legte ein Katamaran an und es stiegen ein paar Gäste aus, oder ein gemieteter Jet Ski fuhr am separaten Strandabschnitt los, alles war ruhig und entspannt. Die Gäste genossen die Ruhe und erholten sich am schönen Strand. Ein paar einheimische Frauen erregten bei den Männern das Gemüt, denn sie trugen so kleine Bikinis, die nur noch das allernötigste bedeckten, auch ich war davon begeistert.

Plötzlich wurde der Strand mit jamaikanischer Musik und aus der restlichen Welt beschallt, der DJ lief mit dem Mikrofon am Strand umher und sorgte für gute Stimmung. Das machte richtig Spaß und die Gäste freuten sich darüber. Danach kam eine Junggesellinnenabschiedsgesellschaft mit lauter jungen hübschen Frauen, die teilweise eine Krone im Haar trugen und mit coolem Outfit über den Steg des angelegten Katamaran liefen. Sie machten den Holzsteg zu ihrem persönlichen Catwalk und bewegten sich sehr sexy und elegant über den einfachen Weg. Alle Frauen waren sehr gut drauf, ich weiß natürlich nicht, ob dies an der Verabschiedung lag und der Freude an die bevorstehende Hochzeit, oder ob Alkohol und Drogen im Spiel waren, was auf Jamaika sicherlich alles leicht zutraf.

Das wollte ich unbedingt fotografieren und fragte deshalb dessen Fotograf und die Mädels um Erlaubnis, die ich spontan erhielt, aber nur wenn sie auch ein Selfie mit mir machen dürfen. Dem stimmte ich natürlich sehr gerne zu und schon waren alle um mich und nahmen mich ganz fest in den Arm, dass sie mir dabei nicht noch in den Schritt griffen war alles. Aber es machte allen sehr viel Spaß und darum ging es schließlich. Wann hat ein "alter Mann" schon mal so junge und hübsche Frauen aus Jamaika im Arm, dachte ich mir insgeheim und freute mich darüber. Für mich war dies damit der beste Strandtag während der ganzen Zeit in der Karibik. Was mich erstaunte war die Selbstverständlichkeit und das Selbstbewusstsein der Jamaikanerinnen, auch wenn diese zum Teil sehr füllig waren, so extrem kleine Bikinis ganz stolz zu tragen. So etwas ist man in Deutschland oder Europa nicht gewöhnt, denn bei uns verstecken sich die übergewichtigen Frauen in der Regel und zeigen sich aus Scham nicht gern halbnackt in der Öffentlichkeit.

Am Spätnachmittag präsentierte uns sogar noch ein junger Jamaikaner im kurzen Geparden Kostüm eine gelungene Feuershow vor dem Platz der großen Bar. Die Gäste strömten herbei und schauten begeistert zu und schossen das eine oder andere Foto von dem jungen Künstler. Danach duschten wir noch und zogen uns wieder um im Umkleideraum, denn unser Taxi wartete schon überpünktlich vor dem Eingang.

Die Rückfahrt mit dem Taxi zum Kreuzfahrtschiff verlief genauso fröhlich und lustig wie auf der Hinfahrt, auch diesmal wurde viel gelacht und kräftig gesungen. Dies entschädigte uns von dem kleinen Schock am Vormittag in der Stadt.

Heute Abend machen wir es uns so richtig gemütlich auf unserem Kreuzfahrtschiff, denn morgen können wir ausschlafen und den Seetag genießen. Nach dem Ablegen unserer Aida Luna im Hafen von der Montego Bay auf Jamaika haben wir 609 Seemeilen (1128 km) vor uns nach Mittelamerika, denn dort liegt unser nächstes Ziel der Hafen von Puerto Limon in Costa Rica.

Weil die nächsten zwei Stopps für Sofia, Silvia und Artur komplett neu sind, wir aber nur begrenzte Zeit zur Verfügung haben, wollen wir möglichst viel sehen und buchen deshalb die sicheren, aber recht teuren Ausflüge an Bord der Aida Luna. So ganz nach dem Motto, wer weiß ob wir jemals in unserem Leben noch einmal das Glück haben werden, um hierherzukommen. Wir lassen uns dazu an Bord von einer jungen Frau im Aida Reisebüro ganz ausführlich beraten. Anschließend überlegten und berieten wir uns untereinander und entschieden uns gemeinsam für zwei Ausflüge in der teuersten und größten Klasse.

Abends buchen wir noch zwei Ausflüge, einen in Costa Ricas Regenwald zu Wasser und aus der Luft. Dort fährt man mit dem Bus zu den Kanälen von Tortuguero, es folgt anschließend eine Bootsfahrt durch die Kanäle, dort sollen wir Krokodile, Affen, Flussotter und Seekühe sehen. Danach fährt uns der Bus zum Veragua Regenwald, in dem wir eine geführten Rundgang durch die Reptilienausstellung und die Forschungsstation haben werden. Anschließend nehmen wir das Mittagessen vor Ort ein. Eines der großen High-Lights auf dieser Tour ist die folgende Freiluftgondelfahrt durch den Regenwald. Es geht dabei an über 300 Jahre alte Bäume vorbei bis hinunter zum Flussufer. Nun folgt der aktive Teil der Tour, denn es gibt die Auswahl von zwei Wegen, entweder dem Trail of the Giants oder der Puma Wasserfall Trail. Über die Seilbahn geht es anschließend wieder zurück zum Bus und auf die Rückfahrt zum Kreuzfahrtschiff. Dieser Ausflug geht von 9:30 bis 16:00 Uhr und kostet pro Person 150 Euro.

Der andere gebuchte Ausflug nennt sich Panamas Natur und Kultur erleben. Als Erstes fahren wir mit dem Bus zum Informationszentrum des Panama Kanals und erfahren dort alles über den Bau und die Funktion des Kanals per Film. Zuvor haben wir die Möglichkeit auf der Besuchs- und Aussichtsplattform des Zentrums live die Schiffe im Kanal und die Arbeit des riesigen Schleusensystem zu erleben. Im zweiten Teil fahren wir weiter mit dem Bus zur Rain Forrest Lodge, um dort in einem Boot durch den Gatún See zufahren und einheimische Tiere zu beobachten. Weiter geht die Bootsfahrt dann zu den einheimischen Embera-Indianern, um ihr Dorf zu besichtigen und dessen Bräuche und Tänze kennen zu lernen. Am Ende fahren wir wieder mit dem Boot zur Anlegestelle zur Rain Forrest Lodge, um von dort mit dem Bus zum Kreuzfahrtschiff zurückzufahren. Dieser Ausflug geht von 8:00 bis 14:00 Uhr und kostet pro Person 160 Euro.

Obwohl wir lange ausschlafen können, gehen wir wie immer zur gleichen Zeit zum Frühstück und auch diesmal ist es aus den schon genannten Gründen nicht voll am Seetag.

Aida Luna bietet auch am Seetag wieder ein Fülle an Aktionen und Unternehmungen, Spiele, Sport und Freizeitaktivitäten an, so dass es keinem Gast auf dem Schiff langweilig werden kann. Natürlich gibt es auch heute wieder einen Drink des Tages, diesmal ist es der alkoholische Cocktail namens Atlantico. Er verkörpert die Träume auf See und besteht aus Rum, Pfirsich und Vanille. Das Ganze wird sehr schön in einem großen bauchigen Glas serviert und mit Südfrüchten dekoriert. Selbstverständlich gibt es auch einen alkoholfreien Cocktail, dieser ist heute namentlich der Caribico und er ist kirschrot und soll himmlisch schmecken. Das leckere Getränk besteht aus Ananas und Kirschen und wird ebenso lecker serviert wie der Bruder mit Alkohol.

Das Steakhouse bietet heute ein saftiges US-Beef in Premiumqualität an, dazu wird ein frisches Knoblauchbrot gereicht und als weitere Beilage gegrilltes Gemüse. Wer kann so etwas Leckerem widerstehen? Mit der vielfältigen Menükarte des Buffalo Steak House kann sich jeder Gast sein ganz individuelles Menü zusammenstellen. Wer sich nicht zwischen Fisch und Fleisch entscheiden kann, den empfiehlt die Küche das Gericht Surf & Turf, denn da wird ihnen eine Speise bestehend aus einem gegrillten Filetstück vom Rind und ein halber Hummerschwanz serviert. Natürlich gibt es in dem Steakhouse auch ganz zeitgemäß ein veganes Redefine Flank Steak auf pflanzlicher Basis.

Auf dem Pooldeck 11 werden heute um 11:45 Uhr Scharfe Ecke-Deluxe Spezialitäten für jedermann kostenfrei angeboten. Das Küchenteam hat zahlreiche Delikatessen vorbereitet und serviert diese auf dem genannten Deck, das ist u.a. Currywurst mit delikater Soße und frischem Currypulver, ein leckeres Schweinesteak mit Mango-Ananas-Chili-Chutney, oder Penne all' Arrabiata und vieles mehr.

Um 15 Uhr findet eine ganz besondere Art der Versteigerung im Theatrium statt, auf der man einen Kunstgegenstand nach dem Prinzip "Blind Dates" ersteigern kann. Auf Deck 9 kann man sich zuvor bei der Galeristin Laura Luell beraten und inspirieren lassen, denn sie ist ein echter Fachmann bzw. Fachfrau auf diesem Gebiet. Sie erklärt dann die großartige Vielfalt der unterschiedlichen Künstler und dessen Technik aus aller Welt, u.a. auch an ganz praktischen Ausstellungsstücken vor Ort.

Da heute Nacht Vollmond ist, steigt auf der Aida Luna auf dem Pooldeck 11 um 22:15 Uhr die schaurige Full Moon Party. Dort zelebrieren gruselige Kreaturen ein ausgelassenes Fest mit den Gästen. Dazu gibt es zum Thema passend ganz spezielle gruselige Cocktails, die vom Entertainment Team frisch zubereitet werden. Für gruselige Beats und der musikalischen Unterhaltung sorgt DJ Antony, zudem bringen die Aida Stars tolle Tanzeinlagen auf die Bühne, die das Publikum zum Beben bringt.

Das Frühstück ist lecker wie eh und je auf der Aida Luna und so erfreuen wir uns reichlich an dem großen Buffet im Markt Restaurant. Den Seetag verbringen wir mit Sonnen und Relaxen auf den Pooldecks, dem Essen an Bord und schauen hier und dort etwas an, oder machen mit. Artur unterhält uns wieder ausgezeichnet mit seinem mitgebrachten Spiel "Wer wird Millionär", aber auch diesmal schaffen wir es nur zwei Mal bis zum Gewinn der einen Millionen Euro Frage. Die Vorfreude auf den nächsten Tag in Costa Rica ist riesengroß und die Erwartung entsprechend hoch.

Am Abend erhalten wir noch einen ganz wichtigen Hinweis in "my AIDA HEUTE", denn die Bordzeit ist eine andere als die Zeit in Costa Rica. Alle Ausflüge, Abfahrtszeiten, usw. richten sich nach der Bordzeit der Aida Luna. Es kann passieren, dass sich die Handys automatisch nach der Zeit von Costa Rica umstellen und dies ist unbedingt zu beachten.

Pünktlich um 9:00 Uhr legen wir im Hafen von Puerto Limon in Costa Rica an, zu dieser Zeit haben wir unser Frühstück schon hinter uns und beobachten an Deck die Hafeneinfahrt. Es ist zwar warm an diesem Tag, aber immer wieder regnet es und das verdunstende Wasser bildet Regenwolken im Dschungel und über der Stadt. Die Sonne kommt an diesem Morgen nur sehr schleppend, ab und an durch die dichten Regenwolken im Dschungel von Costa Rica.

Die erste Besiedelung auf dem Gebiet von Costa Rica fand bereits in der Zeit zwischen 12000 und 8000 vor Christus statt. Bis zur ersten Ankunft der Spanier im 16. Jahrhundert n. Chr. lebten vermutlich rund 400 000 Menschen im heutigen Staatsgebiet. In der Hafenstadt Puerto Limón, in der wir am Hafen anlegen, landete Christoph Kolumbus als erster Europäer auf seiner vierten Reise im Jahre 1502 an der Atlantikküste von Costa Rica. Zwischen 1519 und 1523 wurde erst der Großteil des heutigen Costa Ricas im Namen der spanischen Krone erobert. Christoph Kolumbus nannte das eroberte Land damals Costa Rica y Castillo de Oro (Reiche Küste und Goldene Burg), dies sollte sich leider nur als Wunschvorstellung von ihm heraus-stellen, weil das Land arm an mineralischen Rohstoffen und Edelmetallen ist. Ab 1560 wurde Costa Rica erst systematisch kolonisiert, die spanische Konquistadoren gründeten 1563 Cartago, das bis 1823 Hauptstadt Costa Ricas war. Erst im 17. Jahrhundert festigten die Spanier ihre Herrschaft in Costa Rica, weil das Land jedoch arm an Rohstoffen ist und seine strategische Lage auch nicht von Bedeutung war, bliebt dieses Land nur eine nachrangige und unterentwickelte Kolonie der spanischen Krone.

Das einst spanisch eroberte Costa Rica (heißt auf Deutsch - reiche Küste), ist ein Staat in Zentralamerika oder auch Mittelamerika genannt, der im Norden an Nicaragua und im Süden an Panama grenzt. Im Osten ist er durch das Meer der Karibik und im Westen durch den Pazifischen Ozean begrenzt. Das Land erklärte 1983 seine unbewaffnete Neutralität und gilt als eines der fortschritt-lichsten Staaten Lateinamerikas, es wird deshalb auch gerne als die Schweiz von Mittelamerika bezeichnet. Aus diesem Grund wandern sehr viele Menschen aus den Nachbarländern ein, um am Wohlstand und Wachstum des Landes teilzunehmen. Bereits im Jahre 1948 wurde die Armee zugunsten der Förderung von Bildungs- und Gesundheitsprogrammen abgeschafft. Das Land gewinnt fast 100% seines Stromes aus regenerativen Quellen und liegt damit stark im Trend der heutigen Zeit. Ebenso zeitgemäß ist die starke Förderung vom Ökotourismus durch den Staat Costa Rica. Grob 27% der Landesfläche stehen unter Naturschutz und es gibt sehr viele Nationalparks die durch den Staat Costa Rica gefördert werden, bzw. von Gesellschaften die die Natur und dessen Lebewesen/Pflanzen fördern und wissenschaftlich untersuchen. Costa Rica ist seit den 50er Jahren eine stabile Demokratie und blieb durch frühzeitige sozialpolitische Maßnahmen von Unruhen, Bürgerkriege und Diktaturen verschont.

Geologisch gesehen wurde Costa Rica erst vor relativ kurzer Zeit geformt. Nur durch die Unterschiebung der sogenannten Kokos-Platte unter die Karibische-Platte am Mittelamerikanischen Graben formte sich vor rund 140 bis 65 Millionen Jahren eine ganze Kette von Vulkaninseln. Erst durch die Anhebung des Meeresbodens, die Abtragung der Vulkanhänge und die Anschwemmungen der Flüsse entstand das Land Costa Rica. Diese teilweise aktiven Vulkane und Bewegungen halten bis heute an, so dass es fast täglich zu leichten Erdbeben in dieser Region kommt.

Klimatisch gesehen herrschen deutliche Unterschiede im tropischen Land, so fallen z.B. in der Stadt San Joaé pro Jahr 1867 mm und in Puerto Limón an der Karibikküste ganze 3518 mm Niederschläge. Dies ist ungefähr doppelt so viel Regen an der Küste wie im Inland. In Costa Rica sind zwei der tropischen Klimatypen anzutreffen, in der einen regnet es sehr viel mehr als in der anderen und die Abgrenzung der beiden Typen wird durch die von Nordwest nach Südost verlaufende Gebirgskette bewirkt. Es gibt in dem kleinen Land deshalb auch unterschiedliche Regen- und eine Trockenzeiten.

Wie schon erwähnt steht Costa Ricas Regierung für einen nachhaltigen Klimaschutz, Natur- und Waldschutz, dieser wird konsequent umgesetzt. Aktuell ist sogar wieder mehr als 50% des Landes mit Wald bewachsen. Zum Schutz des Waldes setzt Costa Rica erfolgreich auf den Ökotourismus, von dem sowohl Einheimische als auch umweltbewusste Reisende profitieren. So geben rund 1,5 Millionen Touristen jährlich fast 1,5 Milliarden US-Dollar für einen Besuch der Regenwälder und anderer schöner ökologischer Ziele in Costa Ricas aus. Um auch die ländliche Bevölkerung zu unterstützen, wurde ein schöner Wanderweg von der Atlantikküste bis zur Pazifikküste geschaffen. Dieser wird Camino de Costa Rica genannt. Zurzeit gibt es über 160 Schutzgebiete wie biologische Reservate, Nationalparks und Naturschutzgebiete. In den 26 Nationalparks, die über ganz Costa Rica verteilt sind, gibt es sehr unterschiedliche charakteristische Merkmale. Im Jahre 1969 wurde erstmals ein Gesetz zur Erhaltung des Waldes in Costa Rica erlassen und im Nordwesten des Landes an der Pazifikküste der erste Nationalpark, namens Santa Rosa, eingerichtet. Inzwischen wurden die Nationalparks La Amistad und Guanacaste von der UNESCO zum Weltkulturerbe erklärt. Dies gilt auch für die unbewohnte Isla del Coco (Kokos-Insel), die 500 Kilometer vor der Küste von Costa Rica im Pazifischen Ozean liegt, sie darf nur mit Sondergenehmigung des Staates betreten werden. Costa Rica erhielt durch seinen vorbildlichen und kontinuierlichen Einsatz in der Umwelt- und Naturschutzpolitik schon viele Preise von der ganzen Welt. Auch der ehemalige deutsche Bundespräsident Christian Wulff bezeichnete, bei seinem Staatsbesuch im Jahr 2011, Costa Rica als ein ökologisches Vorbild für die ganze Welt.

In den Nationalparks wird nicht nur der tropisch grüne Wald geschützt, sondern auch dessen tierische Bewohner. Hier finden Natur- und Tierliebhaber von der ganzen Welt viele Arten von Vögeln, Schlangen, Echsen und Schmetterlingen. In den grünen Baumwipfeln findet man heute noch Mantelbrüllaffen, Weißschulterkapuzineraffen, Rotrücken-Totenkopfäffchen und den Geoffroy-Klammeraffen. Wobei einige Sorten der Affen seltener vorkommen und der Bestand nicht ganz so stabil ist, aber auch darum kümmert sich der Staat und versucht die Situation zu verbessern. Besonders beliebt sind bei den Gästen die gemütlichen und sehr langsamen Faultiere mit ihrem Lächeln im Gesicht und die Tukane mit den sehr großen und farbigen Schnäbeln. Alle Bewohner des Waldes ernähren sich unterschiedlich und haben ihre Quelle der Nahrung für sich gefunden, so gibt es beispielsweise Tiere die sich von Früchten und Blättern ernähren und andere wiederum von fleischlicher Nahrung, wie z.B. den proteinreichen Insekten.

Costa Rica lebt nicht nur vom Tourismus, sondern auch von der Landwirtschaft, indem u.a. Bananen, Ananas, Kakao, Zuckerrohr und Kaffee angebaut und exportiert werden. Aber auch die noch schwache Industrie- und Dienstleistungen sind am Wachsen in diesem Land.

In Costa Rica leben auf rund 51 000 km² ungefähr 5 Millionen Menschen, davon in Puerto Limón, der Hauptstadt der gleichnamigen Provinz Limón, rund 61 000 Einwohner. In Puerto Limón liegt der wichtigste Hafen des Landes Costa Rica und er sorgt ebenso für den Transport über den Seeweg, so wie für die Aufnahme der Kreuzfahrtschiffe und der heimischen Fischereiflotte in dessen Hafen. In dieser Stadt liegt südlich, direkt an der Küste, der internationale Flughafen von Puerto Limón.

Sehenswertes in dieser Stadt ist u.a. die Altstadt von Puerto Limón mit seinen farbenfrohen getünchten Holzhäusern, so wie dessen Rathaus im gleichen Stadtteil. Im Ethnohistorischen Museum kann man alles über die spannende Geschichte der Stadt erfahren. Die Kirche Catedral Sagrado Coracón de Jesús zeichnet sich besonders durch ihre bunten Fenster aus. Wer gerne in fernen Ländern shoppen geht, der kann dies ganz entspannt in der Fußgängerzone des Ortes tun. Eine weitere Möglichkeit ist es auf den großen Markt zu gehen und das Angebot der Händler bezüglich der Stoffe, so wie der vielen tropischen Früchte zu erleben. Oder sie besuchen den Vargas Park Claver, in dem sich u.a. Banyan-Bäume befinden und mit etwas Glück entdecken sie Faultiere. Gleich am Park grenzen die Tajamar-Betonbuhnen, hier kann man die Kraft und Wucht der brechenden Wellen spüren. Der Hafen von Limón ist ein Besuch wert, vor allem wenn man sich für die Kreuzfahrtschiffe oder der Fischereiflotte interessiert. Gleich neben der Stadt in nördlicher Richtung befindet sich der Veraguna Regenwald, in dessen Reservat viele Schmetterlingsarten, Vögel, Reptilien, Faultiere und Affen zu sehen sind. Es gibt hier ausgeschilderte Wanderwege und eine Gondelfahrt mit atemberaubender Aussicht durch die Baumkronen ist möglich. Ein weiteres Ausflugsziel ist der Tortuguero Nationalpark mit den angebotenen Bootstouren durch seine Lagunen und Kanäle. Als Letztes der vielen weiteren Ausflugsziele sei noch der Cahuita Nationalpark genannt, in dem man noch echte Dschungel-Trails durch den Regenwald laufen kann. Fast vergessen, denn es gibt noch die Hängebrücken durch den Regenwald, hier können sie allerlei Tiere und Insekten entdecken. Vielleicht entdecken sie hier auch einen der kleinen bunten Kolibri Arten, die hier heimisch sind.

Nur mit einem Hut, Fotoapparat, Handy und etwas Geld laufen wir in bequemer Kleidung zu unserem Bus, der uns an diesem Tag, organisiert von der Aida, durch den Regenwald von Costa Rica transportiert. Weil ich nicht nur den ganzen Tag über Wasser trinken möchte, vor allem nicht zum Mittagessen, habe ich mir ganz unauffällig Rotwein in meine kleine Flasche abgefüllt und in Silvias Tagesrucksack gesteckt.

In Puerto Limón werden wir auch hier, wie meistens auf unserer Tour, von einer kleinen Band musikalisch im Hafen empfangen. Die drei älteren Herren spielen einen guten Sound und singen dazu, ganz geschützt unter einer Regenplane.

Am Bus, der direkt vor der Aida Luna steht, warten wir nur kurz bis dieser gefüllt ist und schon fahren wir los. Unser Guide sollte eigentlich deutschsprachig sein, aber für den letzten Bus reichte das Personal nicht mehr. Deshalb bekamen wir einen Guide der englisch spricht und schon seit vielen Jahrzehnten hier heimisch geworden ist. Er spricht deutlich, langsam und in gut verständlichem Dialekt, so dass alle die ein wenig die englische Sprache verstehen gut folgen können. Der ältere etwas füllige Herr stellt sich und seinen Fahrer vor und sofort erkennen wir seine freundliche und etwas lustige Art, die sehr angenehm herüber kommt. Der gemütliche Guide muss aufpassen, dass er sich nicht den Kopf anschlägt, denn er ist sehr groß, was uns allen hilft ihn immer gut zu sehen.

Unser Guide informiert uns in Kurzform über den Tourverlauf und das grüne Land Costa Rica mit seinen Slots.

Slot heißt übersetzt Zeitabschnitt von fester Länge und damit ist gemeint, dass dies in Costa Rica der trockene Zeitbereich zwischen zwei Regenschauer ist, denn hier regnet es viele Male am Tag und das oft sehr heftig. Während der kurzen Busfahrt zur Anlegestelle der Touristenboote in den Kanälen von Tortuguero erleben wir zwei Mal sehr heftige und kurze Regenschauer. Viele Gäste im Bus denken nun sicherlich das eine, nämlich dass sie ihre Regenschirme vergessen haben, so auch wir. Unterwegs sehen wir mehrfach auf den Bäumen einzelne, sowie mehrere Faultiere auf einem Baum. Alle sitzen einzeln auf einem Ast am Hauptstamm des Baumes und kauern sich zusammen, um möglichst wenig vom Regen abzube-kommen. Anfangs erkennen wir die Tiere nur schwer, die uns der Guide zeigt, aber dann klappt das immer besser. Leider sind die Fotos durch die Scheibe des Busses mit dem vielen Regen so schlecht, dass ich diese leider nicht zeigen kann. So ist das über die gesamte Tour, denn durch den Wasserdampf und den Regen in der Luft, so wie meistens die große Entfernung zu den Tieren auf den Bäumen, wie z.B. Affen, Faultiere, Vögel, Echsen oder andere Bewohner des Waldes, gibt es heute nur sehr schlechte Fotos. Trotzdem ist es sehr interessant dies alles zu sehen.

Wir steigen aus dem Bus und laufen langsam vom Parkplatz zur überdachten Fläche vor dem Bootsanlegeplatz. Dort erklärt uns der Guide wie alles abläuft und dass wir nun unbedingt auf die Toilette gehen sollen. Danach steigen wir in unser über-dachtes Motorboot und fahren durch die Kanäle. Nach ein paar Minuten fällt wieder extrem starker Regen, so dass die Tropfen aus dem Fluss teilweise nach oben spritzen und man erkennt kaum noch das naheliegende Ufer. Innerhalb von zwei Minuten ist der Spuk wieder vorbei und wir suchen weiter am Flussufer und hoch oben auf den riesigen Bäumen nach Tieren. Unser Guide, der Bootsmann, so wie ein Begleiter des Bootes sehen meistens zuerst die Tiere und weisen uns darauf hin. Wir haben tatsächlich alle Affenarten, Faultiere, Warane, Echsen, Vögel und Schmetterlinge gesehen, aber wie gesagt leider gabs keine guten Aufnahmen. Dieser riesige blaue Morpho Butterfly erreicht mit seinen strahlenden blauen Flügeln auf der Oberseite eine Spannweite bis zu 15 cm. Wenn er seine Flügel nach oben stellt erscheinen diese komplett anders, nämlich in unterschiedlichen braunen Farben und Mustern, auf denen je Flügel 7 große Ringe, ähnlich wie Augen, gezeigt werden. Die Weibchen erscheinen nur im schlichten gemusterten Braunton. Krokodile, Flussotter und Seekühe haben wir an diesem Tag in den Kanälen leider nicht gesehen.

Nach der Bootstour steigen wir wieder an der Anlegestelle aus und werden zur überdachten großen Fläche geführt, dort liegen Bananen und Ananas zur kleinen Erfrischung bereit, aber auch Kakaobohnen die wie gebrannte Mandeln auf unseren Weihnachtsmärkten aussehen. Es gibt diese Kakaobohnen immer mit gebranntem Zucker in den Varianten Vanille, Chili, Zimt, oder einfach ohne Zusatz umhüllt. Eines musste ich feststellen, alle vier Sorten schmeckten komplett anders, aber alle waren auf ihre Art sehr lecker. Mir schmeckten sie so gut, dass ich mir noch einen Nachschlag holte.

Natürlich wurden wir nochmals an den Toilettengang erinnert. Auf dem kleinen Weg zum Bus fing es wieder an zu regnen. Danach fährt uns der Bus zum Veragua Regenwald, dabei tut mir ein wenig der schöne, moderne und fast neue Reisebus leid, denn dieser Großraumbus ist für solche Touren über steile Dreckpisten mit kleinen Kurven, an dem oft die Antriebsräder des Stadtbusses durchdrehen, nicht wirklich geeignet. Aber vielleicht ist das auch nur eine falsche Sichtweise meinerseits, weil wir nicht gewöhnt sind Off-Road Fahrten mit einem Großraumluxusbus durchzuführen. Nach ein paar zusätzlichen Ausweichmanövern kurz vor unserem Ziel, wegen Gegenverkehr auf nur einer Fahrspur, kommen wir jedoch gesund und munter an. Ein paar Fahrgäste bekamen richtig Angst wegen der Off-Road Fahrt durch die Berge im Regenwald von Costa Rica, mir hingegen hat dieser Teil sehr viel Freude und Spaß gemacht. Das war mal wieder ein wenig Action und Fun.

Natürlich regnet es als wir aus dem Bus steigen und ich bin froh meinen Safarihut zu tragen, der ein wenig vor dem Regen

schützt. Nach ein paar Metern sind wir aber schon am über-
dachten Eingang des Nationalparks, dort bekommen wir nochmals eine kleine Einweisung von unserem Guide. Danach
übernimmt eine Rangerin die Führung und weist uns ausdrücklich darauf hin, dass wir immer in der Mitte der Holz-
stege laufen sollen, weil oftmals sich die giftigen Schlangen am
Rand sonnen und es soll ja keiner gebissen werden. Schnell
schieße ich noch ein paar Fotos von den jungen Gästen, die
sich an der Zipline, über einem Stahlseil, den Berg hinunter
gleiten lassen. Das hätte mir sicherlich auch Spaß gemacht.

Unsere Rangerin führt uns durch den Regenwald von Costa
Rica, dort zeigt und erklärt sie uns alles ganz genau. Sie wurde
auch nicht müde, jede noch so banale Frage gewissenhaft und
seriös zu beantworten. Alle waren schwer beeindruckt von
ihrer freundlichen und hilfsbereiten Art. Letztendlich bogen
wir auf den Schlangenpfad ab und unsere Gruppe wurde leise
und sehr vorsichtig, so wie ganz konzentriert beim Laufen. Auf
der Mitte des Pfades standen mehrere überdachte Terrarien, in
denen alle hier vorkommenden Schlangen, ein paar Echsen,
Kröten und Frösche ausgestellt wurden. Unsere Rangerin
erklärte wieder sehr genau wo die Tiere leben, wie alt sie
werden, wie groß und schwer, wie die biologische Fort-
pflanzung funktioniert, dessen Futtertiere, den Tagesrhythmus
und natürlich die Besonderheiten jeder Art. Wie abgestimmt
regnete es erst, als alle Gäste unserer Gruppe unter den
Dächern der Terrarien standen. Dann folgte unser Weg zurück
zum Basislager, in dem sich auch die Küche mit der Essens-
ausgabe befindet, so wie ein Open-Air-Restaurant mit großem
Dach und ein paar Toiletten. Das gereichte Essen war gut, aber
für uns Kreuzfahrer doch ein wenig zu kleine Portionen. Jeder
durfte aber seinen Teller nochmals auffüllen und so war das für
mich vollkommen o.k., denn wenn jemandem das Essen nicht
schmeckte, so wurde nicht so viel weggeschmissen. Mir ging
es ja sehr gut, denn ich konnte meinen mitgebrachten Rotwein,
zum Reis mit Hühnchen und dem Gemüse, trinken. Erst lachte
mich Silvia aus, als ich mir den Rotwein am Vorabend abfüllte,
aber nun wollte sie auch unbedingt davon trinken.

Nach der leiblichen Stärkung liefen wir mit unserer Rangerin zu den Freiluftgondeln und fuhren durch den Regenwald, das war sehr interessant und die über dreihundert Jahre alten Bäume mit ihren Bewohnern machten schon ordentlich Eindruck auf uns. Aber noch schöner war unsere junge und sehr hübsche Begleiterin in der Gondel, die für die Sicherheit verantwortlich war. Mit ihrem lockigen kurzen Haar und dem wunderschönen Gesicht sah sie einfach toll aus, natürlich musste ich sie ablichten. Auf der Fahrt ins Tal hatten wir teilweise eine wunderschöne Fernsicht in die grüne Hölle von Costa Rica. Das was sich dort bot war wirklich einzigartig, denn wir sahen mitten ins grüne Tal den Sonnenschein hineinstrahlen und der Wasserdampf stieg in den Himmel empor.

Unten angekommen stiegen wir aus der sicheren Gondel und liefen einen Pfad über Holztreppen bergauf und bergab. Der kleine Parcours war für jedermann gut zu schaffen, der auch in der Lage war zu seinem Supermarkt zu laufen und mit zwei Milchtüten wieder zurückzugehen. Dies schreibe ich extra so ein wenig überzogen, aber es waren tatsächlich Gäste dabei, die so viel Energie in das Meckern bezüglich des guten Weges investierten, anstatt sich besser auf das Laufen zu konzentrieren, denn es war wirklich sehr leicht zu gehen und nicht weit. Am Ende des Puma Wasserfall Trails erreichten wir eine Plattform, auf der wir in aller Ruhe die Wasserfälle betrachten konnten, sowie dessen Umgebung, denn auch hier waren allerlei wilde Tiere zu sehen.

Anschließend ging es bis zur Basisstation in umgekehrter Reihenfolge wieder zurück und wir erhielten dort in einem Vortragsraum noch eine Ansprache des Leiters der Station und sahen zudem einen Film über die Entstehung, den Aufgaben und der Erfolge des Nationalparks. Als Allerletzes bedankte sich der Leiter der Station bei allen ganz persönlich und machte nochmals klar, dass dies hier alles nur möglich ist, weil wir Eintritt bezahlen und auf der ganzen Welt gespendet wird u.a. für diese Forschungsstation. Beim Rausgehen bedankte ich mich noch bei unserer Rangerin und steckte ihr heimlich ein paar US-Dollar zu, denn das hatte sie sich mit ihrer netten Art und dem Engagement wirklich verdient.

Für uns folgte nun die Rückfahrt mit dem Bus zum Schiff und als ich auf die Uhr schaute, sollten wir schon längst im Hafen von Puerto Limón sein, denn um 18:00 Uhr legt schließlich unser Kreuzfahrtschiff ab.

Obwohl wir nicht viel an diesem Tag geleistet hatten, schliefen viele Gäste auf der letzten Strecke mit dem guten Asphaltbelag ein. Dagegen lauschte ich, wie noch ein paar weitere Gäste, ganz aufmerksam den Worten unseres Guides.

Letztendlich erreichten wir um 17:45 Uhr den Hafen von Puerto Limón und waren somit fast zwei Stunden später im Hafen als geplant. Alle Gäste auf dieser Tour fanden es sehr gut, dass unser Guide kein einziges Mal drängelte oder mit der Zeit drohte und sich stets freundlich und hilfsbereit gab, so wie den Gästen sehr gerne vieles erklärte und erzählte. Selbstverständlich wurde auch er für seine gute Leistung mit Trinkgeldern belohnt.

Auch wenn der Ausflug nicht billig war, so waren wir uns einig, dass er sich auf jeden Fall gelohnt hat, denn in der Kürze der Zeit hätten wir das ohne die Organisation in dem Zeitrahmen nicht schaffen können. Somit ein voller Erfolg.

Für uns ging es an Bord und sofort unter die Dusche und anschließend zum Abendessen, denn so ein Ausflug der macht hungrig und durstig. Schließlich waren wir im Regenwald von Costa Rica, sozusagen in der grünen Hölle des Dschungels von Mittelamerika.

Über Nacht fahren wir 195 Seemeilen (361 km) bis zum Hafen von Colón, der in Panama an der karibischen Küste in der Bucht von Limón liegt. Immer schon wollen wir uns den Panamakanal und dessen Schleusensystem anschauen und nun ist es bald soweit. Die Vorfreude ist riesengroß, ebenso die Erwartungen.

Panama, das ist ein Staat in Mittelamerika, der an Costa Rica im Westen und Kolumbien im Osten grenzt. Der berühmte Panamakanal, der das Land durchquert, verbindet die Karibik mit dem Pazifischen Ozean. Dieser inzwischen sehr moderne Kanal ist einer der wichtigsten Meeresverbindungen, mit dem Suezkanal zusammen sind diese die zwei bedeutendsten Wasserstraßen der Welt. Für den Staat Panama ist der Kanal mit Abstand die wichtigste Einnahmequelle des Landes.

Bereits am 7. September 1977 wurde der Torrijos-Carter-Vertrag, zwischen den Vereinigten Staaten und Panama in Washington D.C. von Panamas Regierungschef General Omar Torrijos und dem US-Präsidenten Jimmy Carter, unterzeichnet. Im Jahr 1903 erhielt Panama seine Unabhängigkeit von Kolumbien. Danach stand das Land lange Zeit unter dem Einfluss der USA. Am 31. Dezember 1999 nach dem Torrijos-Carter-Vertrag, wurde das gesamte US-Gebiet entlang des Panamakanals, sowie alle US-amerikanischen Militärbasen, ganz offiziell an Panama übergeben. Dank der vollständigen Übergabe, von der USA an Panama, fließen nun auch die gesamten Einnahmen des Panamakanals in die Staatskassen von Panama. An der Kanalschleuse des Panamakanals, dessen Verwaltung, Betrieb und Instandhaltung, der Registrierung von Schiffen, arbeiten rund 8 000 Menschen und damit ist er der größte Arbeitgeber des Landes.

Panama besitzt eine Fläche von 75.517 km², auf der rund 4,3 Millionen Einwohner leben und davon über eine halbe Millionen Bürger in der Hauptstadt Panama-Stadt. Die sehr modern ist und ein beeindruckendes Panorama mit Wolkenkratzer im Bankenviertel vorweisen kann. Von der Gesamtfläche Panamas sind über 210 km² Binnenwasserflächen und die Küste des Staates ist 1 915 km lang. Die größten Städte und die am dichtesten besiedelten Gebiete liegen an der pazifischen

Küste und um die Kanalzone. Aktuell lebten rund 69% der Einwohner Panamas in den Städten.

Panama nimmt den schmalsten Teil der mittelamerikanischen Landbrücke ein, die nur vom Panamakanal durchbrochen wird. Die engste Stelle in Panama zwischen den zwei Ozeanen ist nur 60 km breit. Die höchste Erhebung des Landes ist der Berg Volcán Barú mit seinen 3477 Metern. Er gehört zur mittelamerikanischen Cordillera de Talamanca, die Panama parallel zu den Küsten durchzieht.

Die Flora und Fauna Panamas, bedingt durch eine natürliche Landbrücke zwischen Nord- und Zentralamerika mit Südamerika, besteht aus einigen Tierarten aus beiden Kontinenten. Hier kann man beispielsweise die Agutis, Tapire oder auch die Harpyie nennen. Grob geschätzt leben auf Panamas Fläche über 300 000 Insektenarten. Über 29% der Landfläche ist in 15 Naturparks aufgeteilt, die dem Schutz und der Artenerhaltung der heimischen Tier- und Pflanzenwelt dient.

Zur Religion der Bevölkerung Panamas lässt sich sagen, dass der größte Teil mit 86% christlich ist und davon die überwiegende Mehrheit katholisch. Als kleine Minderheit sind mit ungefähr 1% Juden und Muslime zu nennen. Aber auch die Mormonen sind stark vertreten. Einige Gruppen der indigenen Ureinwohner wie die Kuna, Ngäbe, Buglé und Embera sind Anhänger ihrer traditionellen mesoamerikanischen Religionen. Unter den Ngäbe gibt es viele Anhänger der Bahai-Religion.

Im Verkehr belegte Panama den 38. Platz unter 160 Ländern. Von allen Ländern in Lateinamerika liegt Panama sogar auf dem zweitbesten Platz hinter Chile, dies beschreibt die gute Infrastruktur von Panama. So arbeitet der Staat kontinuierlich an der Verbesserung der Straßen und baut immer wieder neue Autobahnabschnitte. Das Straßennetz ist einschließlich eines Abschnitts der Panamericana 11 400 km lang. Die wichtigste Hauptverbindungsstraße ist die berühmte Panamericana, die durch ganz Panama führt. Die Panamericana (Pan American

Highway) verbindet straßentechnisch die Länder Nordamerikas mit Südamerika und führt von Alaska bis Süd-Chile, nur im Grenzgebiet zwischen Panama und Kolumbien befindet sich eine Lücke, der sogenannte Darien Gap. In diesem sumpfigen Urwaldgebiet ist der Aufwand für den Straßenbau sehr hoch, zudem protestieren Umweltschützer und die indigene Bevölkerung gegen den Ausbau der wichtigen Straße, um die Lücke in der Panamericana zu schließen.

Das Eisenbahnnetz wurde in den letzten Jahren stark reduziert, so wurden zum Beispiel die meisten Schmalspurbahnen abgebaut. Die wichtigste Bahnlinie verläuft mit 75 km zumeist parallel dem Panamakanal und verbindet die wichtigsten Städte Colón an der Karibik mit Panama-Stadt am Pazifik. Durch die Modernisierung und einer Spurverbreiterung wird nun auch diese Strecke für den Güterverkehr mit Doppelstock-Containertrag-wagen genutzt. So wie für den Verkehr an Werktagen ein Personenzug in jede Richtung und für die Reisenden von Kreuzfahrtschiffen werden sogar Charterzüge eingesetzt.

Die Schifffahrt ist für Panama selbstverständlich die wichtigste Verbindungsmöglichkeit, zumal der Panamakanal das Meer der Karibik mit dem Pazifischen Ozean verbindet. Die wichtigsten und größten Häfen des Landes sind Balboa, Cristóbal, Bocas del Toro, Almirante und Puerto Armuelles. Panamas Handelsflotte ist mit weit über 6 000 Schiffen formell die größte der Welt, was allerdings auf die Praxis der Ausflaggung zurückzuführen ist, denn fast alle hier registrierten Schiffe befinden sich im ausländischem Eigentum und sind mit Mannschaften aus dem Ausland besetzt. Fast jedes fünfte Schiff ist in Panama registriert, dies kommt durch die geringen Steuern und ein vergleichsweise unkompliziertes Verfahren.

Durch eine Volksabstimmung wurde der Ausbau des Panamakanals im Jahre 2006 entschieden. Der Kanal hatte seine Kapazitätsgrenze von 14 000 Schiffen pro Jahr erreicht, zudem konnten die großen Schiffe der neusten Klasse den alten

Panamakanal nicht mehr durchfahren, weil sie in ihren Abmaßen zu groß für die alten Schleusenanlagen sind. Der neu ausgebaute Kanal wurde am 26. Juni 2016 feierlich in Betrieb genommen und erhöht damit die Staatseinnahmen von Panama. Wirtschaft gesehen liegt Panama auf Platz 50 von 137 Ländern. Durch seine globalisierte Wirtschaft in der gesamten Region wurde dieser Status erreicht. Dessen Hauptgrund dafür ist die Drehscheibenfunktion des Landes durch den erweiterten Panamakanal und eines der damit verbundenen Netze von führenden, hochmodernen und effizienten Häfen, die sich sowohl am Atlantik als auch an der Pazifikseite befinden. Sowie zahlreiche Freihandels- und Sonderwirtschaftszonen, die von überregionaler Bedeutung sind. Um sich diesen Wohlstand vergleichend besser vorstellen zu können, liegt das Niveau von Panama ungefähr auf dem von Kroatien und ist damit eines der reichsten in Länder Lateinamerikas. Von dem wirtschaftlich weltweit expandieren Handel profitiert auch Panama und wächst pro Jahr bis zu 6%.

Nur ein Drittel der Bevölkerung von Panama geht einer regulär bezahlten Arbeit nach, der Rest arbeitet für den Eigenbedarf, lebt von der Schwarzarbeit oder ist arbeitslos gemeldet. 19% der regulär beschäftigten Erwerbstätigen arbeiten in der Land- und Forstwirtschaft sowie der Fischerei, 62% sind im Handels-, Finanz- und Dienstleistungsbereich beschäftigt, 19% in der Industrie. Der Präsident von Panama versprach mehr Steuertransparenz und Offenheit, weil 2016 die EU-Kommission ein Maßnahmenpaket zur Bekämpfung von Steuerflucht vorlegte, in dem u.a. Panama auf der schwarzen Liste der Steueroasen auftaucht.

Auf der landwirtschaftlich genutzten Fläche von Panama, das sind rund 9%, werden hauptsächlich Bananen, Plátanos, Zuckerrohr, Reis, Ananas, Mais und Kaffee angebaut. Zum Tierbestand der Farmer gehören Rinder, Schweine und Hühner.

Eine nationale Forstbehörde verwaltet den größten Teil der Waldfläche des Landes, die etwa 45% entspricht, davon stehen etwa zwei Drittel unter Naturschutz. Ein weiterer deutlicher Wirtschaftszweig ist die Fischerei, zu deren wichtigsten Fangprodukten gehören die Garnelen und Krabben.

Dann verdient Panama noch Geld mit dem Bergbau und der Industrie. Es werden geringe Mengen Gold und Silber abgebaut und Salz wird an der Pazifikküste gewonnen. Die überwiegenden Erzeugnisse der Fertigungsindustrie wie Zement, Zigaretten, Schuhe, Kleidung, Seife, verarbeitete Nahrungsmittel und alkoholische Getränke sind für den eigenen einheimischen Markt bestimmt und werden vor Ort verkauft. Dagegen sind Produkte der produzierenden Erdölraffinerien hauptsächlich für die Ausfuhr bestimmt und bringen dem Land zusätzliche Devisen ein. Panama hat zudem eines der größten Bankwesen in Lateinamerikas und macht damit viel Geld, wie z.B. mit den Panama Papers, die bekannt wurden durch Mossack Fonseca.

Zu den wichtigsten Exportgüter des Landes gehören Bananen, Ananas, Erdölerzeugnisse, Garnelen, Rohzucker und Kaffee, davon gehen über 60% in die USA. Importierte Waren kamen zum größten Teil aus den USA und China, zudem zählen Mexiko und Japan zu den Hauptlieferanten. Eingeführt werden in der Hauptsache fossile Brennstoffe, Textilien, Konserven, Maschinen, Chemikalien, Fördereinrichtungen und Rohstoffe. Panamas Handelsbilanz ist aktuell negativ.

So wie die Geschichte und die Bevölkerung ist auch die Küche von Panama. Diese ist eine Mischung aus spanischen und karibischen bis hin zu amerikanischen und deutschen Gerichten und dessen Zutaten. Zudem hat der Einfluss der indigenen Bevölkerung Panamas Speisekammer maßgeblich beeinflusst. Eines der bekanntesten Gerichte des Landes ist heute der Sancocho, ein Eintopf bestehend aus Huhn und Gemüse, oder auch mit Bananen, ferner die Tamales, eine Art Maisteig mit verschiedenen Zutaten wie Fleisch oder Rosinen, und Yuca al Mojo, gekochte Maniokstücke mit Olivenöl.

Die Hafenstadt Colón liegt an der Küste der Karibik des mittelamerikanischen Staates Panama und hat rund 45 000 Einwohner. Sie ist die Hauptstadt der gleichnamigen Provinz Colón, in dessen Einzugsgebiet ca. 250 000 Menschen leben.

Gegründet wurde die Stadt im Jahr 1850 auf der Insel Manzanillo, die am Endpunkt der Panama Railroad liegt. In der ersten Entwicklungsgeschichte nannte man die Stadt Aspinwall, ganz nach dem amerikanischen Financier des Panamakanals William Henry Aspinwall. Während die hispanische Gemeinschaft sie nach dem spanischen Namen Colón nach ihrem Entdecker Christoph Kolumbus nannte, dessen Name sich durchsetzte. Die Stadt erlebte zweimal einen Großbrand, das erste Mal 1885 im Bürgerkrieg und das zweite Mal 1915. Bedingt durch den Panamakanal stieg die Einwohnerzahl von 3 000 Menschen im Jahre 1900 auf aktuell rund 45 000 an.

Weil Colón eine Arbeitslosenquote von rund 40% hat und die Armutsquote noch größer ist, gilt Colón als eine der gefährlichsten Städte der Welt und viele Reiseführer raten aus diesem Grund von einem Besuch ab. Als ich diesen Teil vor dem Besuch gelesen habe, war es mir ganz recht in einer organisierten Gruppe die schönen Ausflugsziele zu erleben.

Um kurz vor 8 Uhr laufen wir auf Deck 3 von Bord der Aida Luna, lauschen kurz der einheimischen Empfangsband, schauen den hübschen jungen Tänzern in ihrer bunten traditionellen Kleidung beim Tanzen im Hafen zu und bewegen uns dann zu unserem Tourbus.

Im Bus begrüßt uns ein sehr gut deutsch sprechender Guide aus Panama, der auf mich ständig den Eindruck hinterlässt, dass seine ursprünglichen Wurzeln bei den Indianern des Landes liegen. Er stellt sich selbst und den Fahrer vor, begrüßt uns zur gebuchten "Tagestour Panamas Natur und Kultur erleben". Danach erzählt er den Gästen im Bus vieles über Panama, die Stadt Colón und natürlich über den Panamakanal.

Wir fahren direkt zum Eingang des neuen Schleusensystems vom Panamakanal, dort erwartet uns ein großzügig gebautes und modernes Informationszentrum. Natürlich werden wie immer zuerst die Toiletten von den Kreuzfahrern aufgesucht. Anschließend erzählt uns der Guide den Ablauf in diesem Bereich und teilt uns die Zeit und den Treffpunkt zur Weiterfahrt mit. Wir haben nun jede Menge Zeit die moderne und gewaltig große Schleusenanlage zu erleben, von der Besucherplattform aus sehen wir ein riesiges Containerschiff das von zwei Schleppern auf Position gehalten wird und von einem zum anderen Becken gelangt. Es sind drei Becken, die deutlich über 400 Meter lang sind, diese werden von zwei riesigen, elektrisch ausfahrbaren, Schleusentore geschlossen und gefüllt. In diesen drei riesigen Becken werden die Schiffe über eine Höhe von 26 Meter vom Gatún See auf das Niveau des Atlantischen Ozeans herab gelassen. Auf der anderen Seite von Panama ist nochmals so eine Anlage integriert, die ebenso über drei Staustufen die Schiffe auf das Meeresniveau des Pazifischen Ozeans herab lässt. Um es einfach auszudrücken, der gesamte Gatún See, im Inland von Panama, liegt über 26 Meter höher als die zwei Ozeane zu beiden Seiten. Uns bleibt genug Zeit um die Vorgänge in den Schleusen gut zu beobachten. Das Wasser zum Füllen der einzelnen Staustufen wird aus den drei großen rechteckigen Wasserauffangbehälter neben den Staustufen entnommen oder gefüllt. Der ganze Ablauf wird von einem Steuerzentrum, optisch wie ein Flughafentower, gesteuert und überwacht. Die Kosten des neu gebauten Panamakanals belaufen sich für die Schleusen und den Stausseen auf über 386 Millionen US-Dollar. Während der Bauarbeiten 1906 bis 1914 starben genau 5 609 Arbeiter bei Unfällen und durch tropische Krankheiten, das waren 1,9 Todesfälle pro Tag. Somit forderte der Bau insgesamt über 28 000 Menschenleben.

Von der Besucherplattform aus sieht man in weiter Ferne hinter dem Steuertower der Agua-Clara-Schleusenanlage die gewaltige Brücke über den Panamakanal, unter der alle Schiffe Richtung Atlantik oder den Gatún See durchfahren müssen. Die Schrägkabelbrücke namens Puente Atlántico (Atlantikbrücke) ist 2820 m lang, knapp 24 m breit und hat eine gewaltige Konstruktionshöhe, um die lichte Durchfahrtshöhe von 75 m zu ermöglichen. Ihre Hauptspannweite beträgt über 530 m, diese wird von zwei Betonpfeilern und vielen Tonnen Stahlseile gehalten. Im Jahre 2009 wurde die schöne Brücke fertiggestellt.

Nach der langen Besichtigung auf der Besucherplattform geht es für unsere Gruppe in den relativ großen Präsentationsraum. Dort sehen wir in einem Film alles über den Bau und die Funktion des Panamakanals, u.a. über die besichtigte Agua-Clara-Schleusenanlage. Danach heißt es wieder Toilettenpause und Abfahrt mit unserem Guide im Tourbus.

Der Guide meint es gut mit uns und wir fahren gleich zweimal über die Puente Atlántico, da ich im Bus ganz vorne auf der rechten Seite mit Silvia sitze, kann ich alles besonders gut sehen. Die v-förmige Einfahrt zur alten Schleuse rechts und zur neuen großen Schleuse links ist aus dieser Perspektive besonders schön zu betrachten. Das sind alles gewaltige Dimensionen, so auch die Träger der Brücke mit dessen dicken Stahlseilen und deren Verankerungen. Zum Spaß wiederholt unser Guide nochmal alles und fragt uns danach die Daten und Fakten ab, die sich so gut wie keiner merken konnte.

Wir fahren weiter zu unserer Anlegestelle des Gatún Sees. Das Wetter ist heute bei 28°C durchwachsen mit Wolken und Sonne, es regnet glücklicherweise nicht. Am See erwartet uns schon die Touristenpolizei, prüft mit ein paar Blicken den Inhalt des Busses und schaut während unseres Aufenthaltes unauffällig immer wieder nach dem Rechten.

Nach der obligatorischen Toilettenpause laufen wir hinunter zur Anlegestelle und steigen in unser weißes überdachtes Ausflugsboot. Es klappt alles wie am Schnürchen. Die Fahrt über den See verläuft sehr angenehm in einer entspannten und ein klein wenig romantischen Art. Wir sehen den Regenwald, seine Bewohner, wie Faultiere, Affen, Vögel, usw., aber meistens aus einer sehr großen Entfernung oder im Schatten der Bäume, beides ist leider nicht dienlich für schöne Fotos, deshalb habe ich auch hier auf Tierfotos verzichtet. Diese Bootsfahrt gefällt mir diesmal sehr gut, weil wir wirklich Strecke machen und uns ganz in unberührter Natur bewegen. Wir sehen kleine Inseln, Dschungel in unterschiedlichsten Formen und Farben, so wie im wechselhaften Licht durch Sonne und Wolken. Unser Guide erklärt auch hier alles gut in deutscher Sprache.

Nach sehr langer Fahrt steuern wir auf die Insel der Embera-Indianer zu, die uns schon am Ufer freundlich in ihrer schönen bunten Tracht empfangen. Beim Aussteigen aus unserem Boot singen die Frauen auf der rechten Seite und die Männer des Stammes spielen die Instrumente dazu auf der linken Seite. Es wirkt für uns alles sehr echt und authentisch, bis ich ein junges weißes Paar in einer Hütte entdecke. Natürlich fragte ich nach was die hier machen und dann kam spontan die Antwort, es sind Volontäre aus Europa, die das Leben der Embera-Indianer für ein Jahr studieren. Wir werden zum runden großen Haupthaus auf der Anhöhe geführt. Es besteht im Wesentlichen aus einer einfachen Holzkonstruktion und einem dichten Dach aus Palmfasern, seitlich ist es umlaufend offen, so dass sich keine Stauwärme bilden kann. Der Häuptling und seine Frau erzählen uns, dass dieses Dorf keine Landwirtschaft betreibt, nur ein wenig Fischfang und ansonsten von den Einnahmen der Touristen lebt, indem diese Eintritt über die Agentur bezahlen und evtl. etwas von der Handarbeit der Embera-Indianer kaufen. Sie wohnen hier tatsächlich in traditionellerweise und die Kinder gehen 20 Minuten entfernt, auf einer anderen Insel zur Schule. Es gibt immer wieder Zugänge neuer Familien von Embera-Indianer und auch Abgänge der schon dort lebenden Familien, so entsteht keine Inzucht in dem kleinen Dorf. Es wird uns weiteres über das einfache Leben erklärt und gezeigt, so wie anschließend mehrere Tänze vorgeführt. In der Regel sind die Tänze Imitationen von Tieren und dessen Verhalten. Am Ende werden die Touristen aufgefordert mit zu tanzen, was erfreulicherweise viele gerne tun. Danach erklärt uns unser Guide, dass er auch schon viele Jahre in so einem Stamm

gelebt hat und dies sehr gut für die Konzentration und Lebens-
einstellung ist. Dann dürfen wir uns frei auf der Insel bewegen
und alles in Ruhe anschauen. Man sieht die Feuerstellen zum
Kochen, die Unterkünfte in den einfach Hütten und natürlich
darf man gerne ein Souvenir in der Ausstellungshütte suchen
und kaufen. Es sind sehr viele Kinder in jedem Alter in dem
Dorf zu finden und bei manch einem Teenager erkennt man die
Verliebtheit mit denen es seinen Freund oder Freundin anschaut.

Das indigene Volk der Embera lebt in Kolumbien und Panama
und gehört zur Sprachfamilie der Chocó. Aktuell sprechen
noch rund 110 000 Embera diese Sprache im täglichen Leben.

Nach der eigenen Überlieferung der Embera-Indianer sind sie
aus dem Süden zugewandert. Als Jäger und Sammler lebten sie
halbnomadisch im hohen tropischen Regenwald Nord-
kolumbiens und Panamas bis zur Grenze Costa Ricas. An der
Spitze der Stämme stehen immer ein gewählter Häuptling und
ein Medizinmann. Die Armee und Siedler verdrängten sie aus
ihren angestammten Siedlungsgebieten, ebenso sorgten groß-
flächige Rodungen, Staudämme und Naturschutzparks für eine
starke Behinderung der Jagd. Aus diesen Gründen änderte sich
nach 1970 ihr Lebensstil und die verstreuten Embera-Familien
zogen in größeren Siedlungen zusammen.

Bei einem besonderen Embera Stamm, nämlich den Embera-
Chami, gibt es noch die traditionelle Genitalverstümmlung bei
Mädchen. Es gibt hier immer wieder schwere Verletzungen,
die teilweise bis hin zum Tod der Mädchen führen. Im Jahre
2012 wurde eine in Ansermanuevo bekannt und publik
gemacht. Behörden schreiten da nicht ein, weil sie die
Traditionen der Indigenen respektieren und die Rechte der
Stämme achten.

Nach unserem ausführlichem Rundgang laufen wir wieder zu
unserem Boot und fahren auf kürzestem Weg zur Anlegestelle
der Rain Forrest Lodge zurück, um von dort mit dem Bus zum

Kreuzfahrtschiff der Aida Luna zu fahren. Auch hier sind wir deutlich später im Hafen als geplant angekommen, was die meisten Gäste freute, denn so hatten wir genügend Zeit alles in Ruhe zu erleben und zu sehen. Die Tour ist mit 160 € pro Person sehr teuer, aber auch hier muss man sagen, diesen Ausflug in der Kürze der Zeit selbst durchzuführen ist schlichtweg nicht möglich. Unsere Reisegruppe fand den Ausflug sehr gelungen, der Panamakanal mit seinen gigantischen Schleusen ist absolut sehenswert, auch die Bootsfahrt und der Besuch der Embera-Indianer war sehr beeindruckend, interessant, schön und wirkte authentisch.

Nach den vielen Informationen brauchen wir erst einmal eine kulinarische Stärkung auf unserem Kreuzfahrtschiff und gehen diesmal sofort ins Restaurant um ein kühles und erfrischendes Bier zu trinken, so wie uns am leckeren Buffet zu bedienen.

Wir genießen noch die Hafenausfahrt aus Colón und der restliche Abend verläuft entspannt und ruhig, zumal wir noch ganz beeindruckt von den Ereignissen des Tages sind.

Nach 280 Seemeilen (519 km) erreichen wir Cartagena in Kolumbien und legen dort pünktlich um 10 Uhr an. Bis 17 Uhr wird die Aida Luna im Hafen liegen, so haben alle Gäste Zeit sich die Ortschaft oder das Umland bis 16:30 Uhr anzuschauen, denn dann müssen alle spätestens wieder an Bord sein. Die Hafeneinfahrt nach Cartagena ist eine Wucht und diese sollte man auf keinen Fall verpassen. Die riesige natürliche Bucht, die am Eingang durch ein altes Fort bewacht wird, folgt im großen Bogen in ein wiederum natürliches Hafenbecken bis zur Anlegestelle von Cartagena. Noch lange bevor man den Hafen erreicht sieht man von der Ferne die fantastische Skyline der Wolkenkratzer dieser Metropole mit über 1,2 Millionen Einwohnern. Ehrlich gesagt habe ich mir Cartagena in Kolumbien nicht so schön vorgestellt und bin jetzt schon sehr begeistert von dieser Stadt und diesem Land.

Kolumbien heißt in Kurzform auf Spanisch Colombia und wurde von Christoph Kolumbus abgeleitet. Die Republik liegt im nördlichen Teil von Südamerika und bevölkerungsmäßig ist der Staat mit über 51 Millionen Menschen das zweitgrößte Land in Südamerikas. Rund 1142 km² beträgt die Fläche von Kolumbien und somit leben nur 45 Einwohner pro km². Die Mehrheit der Bevölkerung lebt in den großen Städten des Landes. Das Staatsgebiet grenzt an den Pazifischen Ozean und an das Karibische Meer, auf dem Festland im Nordwesten an Panama, im Osten an Venezuela, im Südosten an Brasilien, im Süden an Peru und im Südwesten an den Staat Ecuador. Der Erdäquator verläuft durch Kolumbien und somit herrscht zum großen Teil das tropische Klima vor. Die Hauptstadt von Kolumbien ist Bogotá, sie liegt im Landesinneren und ist mit ihren rund 8 Millionen Einwohnern das wirtschaftliche und kulturelle Zentrum des Landes. Zusätzlich leben 10 Millionen in der Agglomeration von Bogotá und damit ist es der größte städtische Ballungsraum des Staates und außerdem eine der am schnellsten wachsenden Metropolen Südamerikas. Aktuell liegt Bogotá weltweit auf Platz 32 der größten Metropolen.

Da dieses Land sehr groß ist, wurde es ursprünglich von einer Vielzahl indigener Völker bewohnt. Ab dem Jahre 1510 wurde es von Europäern besiedelt und von Spanien kolonialisiert. In der Kolonialzeit war Kolumbien zuletzt Teil des spanischen Vizekönigreichs Neugranada. Im Jahr 1810 erlangte dieses seine Unabhängigkeit von Spanien. Leider sorgt die angeschlagene Demokratie in Kolumbien immer wieder für negative Schlagzeilen bezüglich Korruption, Polizeigewalt, sozialer Ungleichheit, ebenso wie mit dem Handel illegalen Drogen.

Weil in Kolumbien rund 55 000 Pflanzenarten in dessen Flora vorkommen ist dies der größte natürliche Reichtum des Landes. Davon gibt es allein über 3 500 Orchideenarten, das sind 15% aller Arten dieser Pflanzenart weltweit. Das Tierreich ist mit insgesamt 2 890 Landwirbeltierarten ebenso vielfältig, wie mit den 1721 Vogelarten vertreten. Zudem gibt es in Kolumbien

819 Amphibienarten und damit liegt es weltweit nach Brasilien an zweiter Stelle.

Kolumbien ist ein sehr grünes Land, denn 53,2 Millionen ha der Fläche sind mit natürlichen Wäldern bedeckt, 21,6 Millionen ha mit anderen Vegetationstypen der Savannen-, Trocken- und Feuchtgebiete und 1,1 Millionen mit Gewässern, schneebedeckten Gebirgen und urbanen Siedlungen. Über 38,4 Millionen ha der Fläche Kolumbiens werden landwirtschaftlich bewirtschaftet bzw. sind erschlossen. Die wichtigsten Ökosysteme Kolumbiens sind die feuchten Tropenwälder, die Ebenen der Savanne, Auen und Torfwälder, der Andenwald, sowie die Nieder- und Amazonaswälder.

Die Stadt Cartagena wurde im Zuge der Kolonialisierung Südamerikas im Jahre 1533 von Pedro de Heredia gegründet. Cartagena war in der Geschichte eine der ersten spanischen Stadtgründungen im Norden von Südamerikas und erlebte ein schnellen Wachstum als wichtiger Hafen für die Schifffahrt des Kontinents. Cartagena war eine wichtige Zwischenstation der spanischen Silberflotte, die zweimal jährlich von Sevilla hierher kam, um spanische Waren wie Waffen, Rüstungen, Werkzeug, Textilien und Pferde zu vermarkten und Gold, Silber, Perlen und Edelsteine zu laden, bevor sie nach Puerto Bello und Santo Domingo weitersegelten. Auch die niederländischen und englischen Sklavenschiffe, soweit sie überhaupt in spanische Häfen in Amerika einlaufen durften, mussten nach Cartagena. Aus diesem Grund wurde Cartagena häufig von Piraten attackiert und geplündert, deshalb befestigten die Bewohner die Stadt durch einen elf Kilometer langen Schutzwall und die riesige Wehranlage San Felipe. Zudem wurde die Einfahrt in die Bucht von zwei Forts, San José und San Fernando gesichert, die nur schwer zu überwinden waren. Im November 1811 erklärte Simó Bolívar die Unabhängigkeit für Cartagena und das Ende der Inquisition. Doch die Spanier wollten ihre Kolonien nicht so widerspruchslos ziehen lassen und eroberten im Dezember 1815 unter der Leitung von Pablo Morillo die Kolonie zurück.

Erst nach der Schlacht von Boyacá im Jahre 1821 und weiteren Kämpfen im Frühjahr 1822 erlangte Cartagena gemeinsam mit der Kolonie die international anerkannte Unabhängigkeit vom spanischen Mutterland wieder zurück.

Nachdem unsere Aida Luna im Hafen von Cartagena angelegt hatte stiegen wir von Deck 3 aus und starteten mit ein paar Dollar und den Fotoapparaten in die Innenstadt von Cartagena. Als Erstes geht es dort direkt am Hafenausgang durch einen kleinen kostenfreien Tierpark, in dem sehr viele Aras und andere Papageien sich frei bewegen und sich von den Gästen sogar streicheln lassen. Des Weiteren findet man dort Flamingos, Ameisenbären, Affen, Wildschweine, Rehe, Tukane, Schildkröten, Echsen und viele weitere Tiere. Es macht sehr viel Freude hier durch zu laufen und diesen einzigartigen Hafenausgang zu erleben. Anschließend fahren wir mit dem Taxi, für 5 US-Dollar pro Person, in die Innenstadt und betrachten uns dort all die bunten und schönen Gebäude, die oftmals mit vielen Blumen auf den Balkonen geschmückt sind. Die Befestigungsanlagen und die Stadtmauern sind gut in Schuss und man sieht dort noch viele Kanonen auf der Stadtmauer liegen, die einst Cartagena vor Piraten oder feindlichen Ländern beschützt haben. Natürlich schauen wir auch in die großen und beeindruckenden Kirchen. Vor einer liegt eine Frau in Bronze, deren Brüste und dessen Popo wohl gerne von den Gästen berührt werden, denn diese Stellen sind hell und blank gerieben. Vermutlich soll dies Glück bringen oder die Wünsche der Besucher erfüllen. Diese Stadt sprudelt nur so voller Leben, es sind Musikanten ebenso wie Frauen in traditionellen bunten Gewändern unterwegs, die sich gerne für 1 US-Dollar fotografieren lassen. Fliegende Markthändler u.a. mit ihren kleinen Holzkarren voller Obst, oder Süßigkeitenverkäufer, so wie viele Touristen aus der ganzen Welt füllen das bunte Straßenbild in der Altstadt von Cartagena. Hier macht es sehr viel Spaß alles anzuschauen und sich treiben zu lassen. Aber aufgepasst mit den Wertsachen und den teuren Fotoapparaten, denn hier gibt es viele Taschendiebe die nur auf eine Gelegenheit warten. Diesmal möchte ich nicht alle Sehenswürdigkeiten aufzählen und beschreiben, denn in dieser

Metropole gibt es einfach zu viele davon. Um nur ein paar zu nennen, sei die 11 Kilometer lange Stadtmauer genannt, so wie die vielen Türme, Museen, Stadttore, Statuen, Kathedralen und Kirchen, Theater, so wie die schönen bunten Marktplätze auf denen früher die Sklaven verkauft wurden. Am besten man geht einfach in die Altstadt und schaut sich in zwei bis vier Stunden das Wesentliche, was einen persönlich interessiert, an. Von der Innenstadt fahren wir nach der Besichtigung, für 15 US-Dollar pro Auto, wieder mit dem Taxi zurück zum Kreuzfahrtschiff. Dieser Preis muss aber mit dem Taxifahrer verhandelt werden.

Um 17 Uhr legt unser Luxusschiff planmäßig ab und wir fahren 657 Seemeilen (1217 km) bei leichtem Seegang bis La Romana in die Dominikanische Republik.

Den folgenden Seetag verbringen wir bei 25°C, Wind und Sonnenschein u.a. auf dem Sonnendeck der Aida Luna. Schon am frühen Morgen genießen wir die Sonnenstrahlen auf den Liegen, lassen so wie immer alles Persönliche dort liegen und gehen zum Mittagessen, um anschließend sofort wieder die letzten Sonnenstrahlen am Seetag einzufangen. Als wir dort ankommen, liegt eine fremde Frau auf meiner Liege und sonnt sich. Freundlich bitte ich sie den Platz zu räumen, da ich diese Liege nur kurz zum Mittagessen verlassen habe und meine persönlichen Sachen, so wie mein Handtuch dort liegt. Sie erwiderte nur ganz frech, ich habe ihre Sachen von der Liege geschmissen und nun bin ich hier. Nochmals versuchte ich sie freundlich zu überzeugen, weil ich neben meiner Frau und unseren Freunden liegen will, aber sie bleibt stur und ließ sich auch nicht später von den Offizieren beeindrucken, so verbrachte ich den Nachmittag an der Bar und beklagte mich mehrfach beim Offizier, so wie dem Guest Relation Manager der Aida. Alle gaben mir Recht und wollten mir helfen, aber keiner konnte sich bei dieser Frau durchsetzen. Aida spendierte meiner Frau und mir einige Cocktails und endschuldigten sich mehrfach für diesen Vorfall. Dies war der einzige negative Zwischenfall auf der Aida Luna und ließ mir die Freude am

Reisen nicht nehmen. Aber sehr schade, dass es solche rück-
sichtslosen und frechen Menschen gibt. So etwas ist mir bisher
noch nie passiert und ich reise sehr viel.

Am nächsten Morgen erreichten wir pünktlich La Romana und
schlemmten nochmals den ganzen Tag und genossen störungs-
frei die Sonne auf dem Sonnendeck. Am Spätnachmittag
brachte uns der Bus innerhalb von 10 Minuten zum Flughafen
und wir konnten zwei Stunden später in das Flugzeug steigen.
Wir flogen halbwegs pünktlich ab und kamen zur geplanten
Zeit in Frankfurt an. Leider war das Essen bei der Condor auf
dem Rückflug genauso schlecht wie auf dem Hinflug. Sofia
und Artur saßen an den Notausgängen und froren trotz
mehrerer Decken die ganze Nacht sehr heftig. In Frankfurt
gelandet, fuhr uns der Shuttle Service der Parkagentur, nach
unserem Anruf, wieder zum Parkplatz und wir fuhren zurück
nach Illingen in Württemberg. Auf der Heimfahrt waren wir
sehr müde, aber schwärmten immer noch von der wunderschönen Kreuzfahrt, auf der wir 3294 Seemeilen (6102 km) mit
unseren Freunden in der Karibik und Mittelamerika zurück-
gelegt haben.

Widmung
Dieses Buch berichtet von einer Kreuzfahrt in der Karibik und
Mittelamerika auf dem Schiff Aida Luna. Es soll dem Leser die
Karibik, seine Kultur, dessen Einwohner, die Traumstrände
und das bunte Mittelamerika näher bringen. Diese Inseln und
Mittelamerika sind so schön, bunt und vielfältig, mit traum-
haften Landschaften, so auch die Tier- und Pflanzenwelt, wie
wir sie derart in Europa nicht kennen. Meinen Reisegefährten
Silvia, Sofia und Artur widme ich dieses Buch, weil sie trotz
Krankheiten an dieser Reise so positiv teilnahmen.

Ein herzliches und liebes Dankeschön an Yvonne, die mich
durch ihre Wissbegierde und manche Anmerkung motiviert das
Schreiben fortzuführen und zweckdienliche Hinweise einbringt.

Veröffentlichte Bücher von Wolfgang Pade